U0534311

本书由国家社科基金项目（12BMZ052）、湖北省高校人文社科重点研究基地影视文化与产业发展研究中心开放基金项目（2020yskf02）、三峡大学昭君文化研究中心专项基金项目（ZJWH201903）资助出版

非物质文化遗产
旅游开发的理论与实践

阚如良 ◎ 著

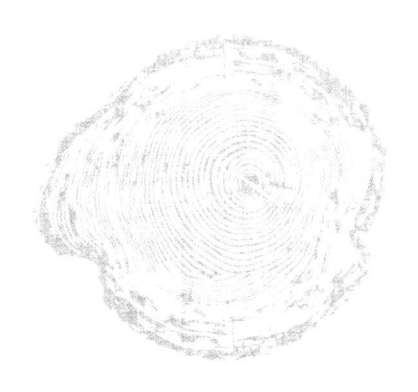

中国社会科学出版社

图书在版编目(CIP)数据

非物质文化遗产旅游开发的理论与实践/阚如良著.—北京：中国社会科学出版社，2021.9
ISBN 978-7-5203-8140-6

Ⅰ.①非… Ⅱ.①阚… Ⅲ.①非物质文化遗产—旅游资源开发—研究—中国 Ⅳ.①F592

中国版本图书馆 CIP 数据核字(2021)第 051515 号

出 版 人	赵剑英
责任编辑	王 曦
责任校对	殷文静
责任印制	戴 宽
出 版	中国社会科学出版社
社 址	北京鼓楼西大街甲 158 号
邮 编	100720
网 址	http://www.csspw.cn
发 行 部	010-84083685
门 市 部	010-84029450
经 销	新华书店及其他书店
印刷装订	北京君升印刷有限公司
版 次	2021 年 9 月第 1 版
印 次	2021 年 9 月第 1 次印刷
开 本	710×1000 1/16
印 张	14.5
插 页	2
字 数	189 千字
定 价	78.00 元

凡购买中国社会科学出版社图书，如有质量问题请与本社营销中心联系调换
电话：010-84083683
版权所有 侵权必究

前　言

　　1997年，联合国教科文组织（UNESCO）在第29届大会上通过了建立"人类口头与非物质文化遗产代表作"的决议，并于2001年公布了第一批代表作名录；2003年UNESCO又通过《保护非物质文化遗产公约》，形成了其保护与评选的正式文件，此后"非物质文化遗产"（以下简称"非遗"）开始作为一个专业术语得到广泛的关注。我国非遗丰富多彩，2005年12月，国务院下发《关于加强文化遗产保护的通知》，强调在保护和利用物质文化遗产的基础上，也要重视非遗的保护和利用，明确提出了"保护为主、抢救第一、合理利用、传承发展"的16字工作方针。随后，又出台了《国家级非物质文化遗产代表作申报评定暂行办法》，提出了非遗分级、分类保护的思路和方法。2006年5月，国家公布了首批518项非遗名录，加上2008年的510项、2011年的191项、2014年的153项和2021年的185项，我国已累计公布五批1557项（不含扩展性项目）国家级非物质文化遗产。

　　文化是一个国家、一个民族的灵魂，也是一个国家综合国力和国际竞争力的重要支撑。中国特色社会主义进入新时代，迫切需要推动中华优秀传统文化创造性转化、创新性发展，构筑中国精神、中国价值、中国力量,为人民提供精神指引。我国非物质文化遗产绚丽多彩,是中华民族传统文化的重要组成部分,与物质文化遗产一起,共同见证了中华民族的文明发展史和演进历程,传承着民间各类艺术瑰宝,成为一种不折不扣的精神文明象征,也需要创造性转化和创新性发展。非遗包含着特有的精神内涵、生活理念、艺术精髓和文化意识,具有遗产价值和传承价值,是人类认识自身、传承文明的重要载体。通过对其进行合理的保护继承并加以发展,对于弘扬悠久文明历史、传播民间优秀传统、重拾文化自信、增强文化交流和繁荣具有重要而深远的意义。

非物质文化遗产是人类宝贵的精神财富,在市场经济激活下正不断释放出独特魅力和经济价值。合理利用各类非遗资源,大力发展文化创意和旅游产业,是当今经济社会和文旅消费的流行趋势,逐渐成为对非遗进行挖掘保护和有效传承的手段之一。因此,利用非物质文化遗产进行旅游开发已成为不可回避的现实问题。那么如何指导并规范这种开发行为,防止遗产开发的过度商业化和旅游活动的庸俗化、低级趣味化,已然成为要解决的关键性问题。

旅游开发是文化产业大发展的重要举措,非物质文化遗产的保护和传承是文化大繁荣的必然要求,采取合理路径实现二者良性互动也是亟待解决的现实难题。基于此,本书从文化旅游产业化的视角出发,综合运用遗产学、民族学、人类学、民俗学和旅游学等多学科的理论,经过层层解析,建立起非物质文化遗产保护传承与旅游开发互动的理论体系,进一步丰富非物质文化遗产旅游开发的理论成果,指导具体的非物质文化遗产旅游开发实践,做好非物质文化遗产在保护利用中的传承发展,实现非物质文化遗产保护继承、文化旅游业持续发展的双丰收。

在国家社科基金一般项目《非物质文化遗产保护传承与旅游开发

的互动研究》（批准号12BMZ052，结项证书号20183062）等的资助下，本书合作者史亚萍合著第四章、第七章、第八章，王桂琴合著第五章至第七章，曾煜合著第六章至第七章，张晓燕参著第二章，黄进、李双涛、邓朝辉、陈虹、赵寅参著第八章，此外周宜君、周军、刘晗、闫秦勤、杨小平参与了调研、论证和修改工作。结合非物质文化遗产旅游开发的实践，本书重点开展了"非物质文化遗产旅游开发的适宜性评价""非物质文化遗产的旅游开发模式""非物质文化遗产的旅游商品开发"专题研究。本书的主要内容如下：

（1）非物质文化遗产保护传承的现状研究。在文献综述和非遗名录统计梳理的基础上，提炼得出了非遗的无形性、特殊性、地域性、多元性、活态性和脆弱性特征，总结了我国非遗保护传承的成效与六个突出问题。

（2）非物质文化遗产保护传承与旅游开发的关系。在分析非遗的旅游价值和旅游促进非遗保护传承的作用基础上，探讨了二者之间的相互促进效应、交互约束效应，总结得出了由保护圈（P）、发展圈（P）和效益圈（B）相互作用的非遗保护传承与旅游开发的PPB三圈耦合机制。

（3）非物质文化遗产旅游开发的适宜性评价。从开发潜力（P）、开发条件（C）、保护性（P）、传承性（I）和预期开发效益（B）五个维度的准则层和25个评价因子层，构建了非遗旅游开发适宜性的PCPIB五维度评价模型（百分制），按分数由高到低划分为五个等级，评价非遗旅游开发的适宜性等级（优、良、中、较差、差）。

（4）非物质文化遗产的四分法旅游开发模式研究。按照表演艺术类、传统技艺类、文学作品类、传统习俗类的非遗"四分法"，研究典型非遗旅游开发案例，总结出相应的生境舞台表演、文化空间再造、文化场景演绎、特色节庆活动四种开发模式，分别从开发条件、开发手段、表现形式、产品内容对四种模式进行比选分析，提出了"分析→选择→实施→评估"四步分析法。

（5）非物质文化遗产的旅游商品开发研究。基于地方感和符号价值理论，分析了非遗旅游商品的双重性和二元性特征，建立了基于互利共生的非遗旅游商品地方感开发模式，据此提出了非遗旅游商品开发流程与方法。

（6）案例实证研究。以世界级非物质文化遗产秭归端午节为例，对其旅游开发的适宜性、开发模式和旅游商品开发等进行研究，得出其旅游开发适宜性评价得分为81分，属"良好"级别，同时多维度提出了旅游活态开发模式和旅游商品开发对策。

（7）非遗保护传承与旅游开发的互动对策及应用研究。结合作者主持编制的旅游规划案例，针对旅游目的地非遗的整合开发，总结出人本范式、品牌IP化、项目主题化、产业融合化、产品体验化、活动场景化六大策略，并运用于鄂西山区的非遗旅游开发实践。

本书的出版得到了三峡大学社科处、经济与管理学院、文学与传媒学院、民族学院的大力支持，湖北大学历史文化学院院长黄柏权教授从选题论证到课题研究给予了悉心指导，中国社会科学出版社王曦编辑为本书的出版付出了辛勤的劳动，在此深表谢忱。

目 录

第一章 绪论 …………………………………………（1）
 第一节 相关概念界定 …………………………………（1）
 第二节 相关研究进展 …………………………………（7）
 第三节 相关理论基础 …………………………………（18）
 第四节 研究思路与方法 ………………………………（22）
 第五节 研究创新点 ……………………………………（25）
 第六节 研究意义 ………………………………………（25）

第二章 非遗保护与利用的现状 ………………………（27）
 第一节 我国非遗保护名录 ……………………………（27）
 第二节 非遗的主要特征 ………………………………（30）
 第三节 我国非遗保护与开发的成效 …………………（34）
 第四节 非遗保护传承面临的问题 ……………………（37）

第三章 非遗保护传承与旅游开发的关系 ……………（44）
 第一节 非遗的旅游价值分析 …………………………（45）
 第二节 旅游开发促进非遗保护传承的可行性分析 …（51）

第三节　非遗保护传承与旅游开发的互动效应 ………… (57)
　　第四节　非遗保护传承与旅游开发的胁迫效应 ………… (59)
　　第五节　非遗保护传承与旅游开发的PPB三圈耦合机制 …… (61)

第四章　非遗旅游开发的适宜性评价 ………………………… (64)
　　第一节　非遗旅游开发的适宜性影响因素 ……………… (65)
　　第二节　评价方法的选择 ………………………………… (67)
　　第三节　评价指标的选取 ………………………………… (68)
　　第四节　非遗旅游开发适宜性的PCPIB评价模型 ……… (72)

第五章　非遗旅游开发的主要模式 …………………………… (84)
　　第一节　非遗的四分法及意义 …………………………… (84)
　　第二节　非遗的四分法旅游开发模式案例研究 ………… (90)
　　第三节　非遗旅游开发的模式和比选 …………………… (110)

第六章　非遗旅游商品开发研究 ……………………………… (124)
　　第一节　旅游商品的表意与符号价值 …………………… (124)
　　第二节　旅游商品的符号价值与地方感关系 …………… (129)
　　第三节　基于互利共生的旅游商品地方感开发方式 …… (134)

第七章　实证研究：以世界非遗端午节（秭归）为例 ……… (142)
　　第一节　秭归端午节概述 ………………………………… (142)
　　第二节　秭归端午节旅游开发适宜性评价 ……………… (144)
　　第三节　秭归端午节的旅游开发模式 …………………… (153)
　　第四节　秭归端午节的旅游商品开发 …………………… (156)

第八章 非遗旅游开发的对策与应用 ……………………（169）
第一节 非遗旅游开发的基本原则 ……………………………（169）
第二节 非遗旅游开发的人本范式 ……………………………（171）
第三节 非遗旅游开发的品牌 IP 化 …………………………（178）
第四节 非遗旅游开发的项目主题化 …………………………（182）
第五节 非遗旅游开发的产品体验化 …………………………（190）
第六节 非遗旅游开发的活动场景化 …………………………（194）
第七节 非遗旅游开发的产业融合 ……………………………（199）

第九章 研究结论与展望 ………………………………………（205）
第一节 研究结论 ………………………………………………（205）
第二节 研究不足 ………………………………………………（206）
第三节 研究展望 ………………………………………………（207）

参考文献 ……………………………………………………………（208）

第一章 绪论

第一节 相关概念界定

一 非物质文化遗产的缘起与界定

非物质文化遗产的名称和概念经历了从"无形文化财"(日本概念)到"民间文化"再到"人类口头与非物质遗产"等多次演变,在对这一概念界定前需要对遗产、文化遗产等相关概念进行辨析。遗产(Heritage)原指"父辈留下的财产",虽经历了千百年的发展,但其内涵一直延续到20世纪中叶。直至后来,其内涵不断扩大,由原来仅指"父辈留下的财产"扩大到"祖先留给后人的共同财富",原意所指代的一般性物质财产也演变成包含自然遗产和无形文化遗产等多种类型[①]。1972年,联合国教科文组织(UNESCO)公布了《保护世界文化和自然遗产公约》和《各国保护文化及自然遗产建议案》两份文件,旨在促进全球人类自然和人文环境保护,并对文化遗产和自然遗

---

① 顾军、苑利:《文化遗产报告:世界文化遗产保护运动的理论与实践》,社会科学文献出版社2005年版。

产进行了定义，使得与世界遗产相关的概念得到迅速传播，成为国际交流和文化领域的热点话题，后续的世界遗产名录申报活动开展，更是让"遗产"这一理念得以普及。

源于 UNESCO 的文化遗产是与自然遗产相对应的一个概念，主要包括文物、建筑群和遗址三大类型[①]。2005 年，国务院下发《关于加强文化遗产保护的通知》，提出了文化遗产保护的要求，指出文化遗产包括物质的和非物质的，这是国内官方对文化遗产最权威、最明确的解释[②]。该通知将物质文化遗产分为不可移动文物、可移动文物以及历史文化名城（街区、村镇）等类型。

随着世界遗产和文化遗产等概念的普及，非物质文化遗产概念随之出现。尽管非物质文化遗产的"正式概念"出现较晚，但有关其表述及保护实践并不是与之同步的。1989 年，UNESCO 出台《关于保护传统文化与民间创作的建议》，提出了"民间创作"的概念，同时启动了该项保护工程；20 世纪 50 年代初，代表"无形文化遗产"的"无形文化财"一词便出现在日本的《文化财保护法》中，并得到韩国的借鉴，成为非物质文化遗产概念的来源之一，两者内涵基本相同；1998 年 UNESCO 颁布了《宣布人类口头和非物质文化遗产代表作条例》，第一次提出了人类口头与非物质文化遗产并列的概念，同时启动了对该类遗产代表名录的申请和保护工程。2003 年，UNESCO 在《保护非物质文化遗产公约》（以下简称《公约》）中，将非物质文化遗产定义为：被各群体、团体、有时为个人所视为其文化遗产的各种实践、表演、表现形式、知识体系和技能及其有关的工具、实物、工艺品和文化场所。并指出其包括以下内容：

---

① 蔡守秋、常纪文：《国际环境法学》，法律出版社 2004 年版。
② 王云霞：《文化遗产的概念与分类探析》，《理论月刊》2010 年第 11 期。

(1) 口头传说和表述，包括作为非物质文化遗产媒介的语言；

(2) 表演艺术；

(3) 社会风俗、礼仪、节庆；

(4) 有关自然界和宇宙的知识和实践；

(5) 传统手工艺技能；

(6) 与上述形式相关的文化空间[①]。

2005年，国务院办公厅出台《国家级非物质文化遗产代表作申报评定暂行办法》，借鉴UNESCO的做法对非物质文化遗产概念做出了界定，认为非物质文化遗产是指各族人民世代传承的、与群众生活密切相关的各种传统文化表现形式，包括口头传统、传统表演艺术、民俗活动和礼仪与节庆、有关自然界和宇宙的民间传统知识和实践、传统手工艺技能等，以及与上述传统文化表现形式相关的文化空间。

二　旅游开发适宜性

适宜性通俗地讲是指适合性，可以解释为适合、得当的程度。随着旅游活动内容不断扩大、现代技术持续更新，旅游资源的使用范围也随之扩大，以前不能或不适合进行开发的资源也相继得以利用和开发。旅游资源泛化已成为不争的事实，非遗也逐渐转变成了一种旅游资源。单就非遗而言，以前单纯关注如何对其进行抢救和保护，近年来随着文化旅游的繁荣，学者探讨更多的是如何通过旅游带动其传承和发展。即便如此，这种资源泛化也不可能适用所有类型，尤其是非遗这类特殊的遗产性资源，着重点还是应该放在保护传承上。因此，

---

① 时吉光、喻学才：《我国近年来非物质文化遗产保护研究综述》，《长沙大学学报》2006年第1期。

在旅游开发前，不仅要在宏观发展环境、旅游市场及游客需求分析的指引下，对拟开发资源的吸引力、潜力等进行考量，从源头上对其开发的适宜性进行评价。这种在旅游开发活动之前，判断某种资源可否用于某种开发，并且考察可适用于开发的程度的过程就是适宜性的评价。故可将其定义为：在一定条件下，资源对于不同类型的旅游项目开发利用的适宜程度，即旅游资源（或潜在旅游资源）与所要进行的旅游开发活动的匹配性和适合程度。

三 旅游商品

目前有关旅游商品的定义及概念仍存在诸多争议，相关研究表明，旅游商品、旅游购物品、旅游工艺品及旅游纪念品等相近概念存在不同程度的交叉混用，莫衷一是[①]。关于旅游商品的界定，国内引用较多的是陶汉军等提出的，认为旅游商品也可称旅游购物品，是游客在旅游活动中购买的，以物质形态存在的实物，同时指出其具有纪念性、艺术性、礼品性、实用性等特点[②]；田伦则在此基础上进行了补充，认为旅游者为旅游而购买的实物商品也可称为旅游商品[③]。此后，更多的学者按照不同理解给出了相应的定义。张文敏在强调区域文化特征的基础上，将那些针对游客设计的物品统称为旅游商品[④]；苗雪玲通过总结前人的研究，提出旅游商品是出于商业以外的目的，通过旅游活动引起旅游者购买的有形商品，其核心为旅游纪念品[⑤]；钟志平则认为旅游纪念品只是旅游商品的一部分，同时应具有区域文化特征

---

① 罗明义：《现代旅游经济学》，云南大学出版社2009年版。
② 陶汉军、林南枝：《旅游经济学》，上海人民出版社1994年版，第56—60页。
③ 田伦：《把旅游购物放在突出地位》，《中国旅游报》1998年4月6日第4版。
④ 张文敏：《关于旅游商品的几点思考》，《旅游研究与实践》2000年第3期。
⑤ 苗雪玲：《旅游商品概率性定义与旅游纪念品的地方特色》，《旅游学刊》2004年第1期。

和民族特色、富有长期纪念意义①；卿尚东等认为旅游商品本身就具有很强的吸引力，能够在时间和空间上起到旅游目的地标识的作用，因此有时可将特色旅游商品作为旅游目的地的代名词②。谢彦君的观点有所不同，他不主张"旅游商品"等同于"旅游购物品"，认为景区类的旅游产品亦是旅游商品，认为旅游购物品的特点是纪念性、艺术性和地方性③。本书以大众对旅游商品的通俗理解进行定义，将其界定为游客在旅游活动中购买的实物商品，是以旅游纪念品为核心的有形商品。

四 地方感

地方感（Sense of Place）是人类学研究中的一个重要概念。20世纪70年代，以段义孚（Tuan）为代表的学者将"地方"概念引入人文地理学领域④，"地方感"随即成为该领域的一个主要概念。在旅游研究及相关专业领域，张捷较早将地方感引入旅游目的地研究中，指出了地方感对于阐释和塑造旅游地形象、增强旅游目的地吸引所具有的重要作用⑤。唐文跃等以九寨沟为实例，运用定量分析方法对到访旅游者地方感特征进行分析，总结出地方感所包含的维度与态度构成要素，形成了地方感研究框架⑥。汪芳等在前人研究的基础上，从地

---

① 钟志平：《旅游商品学》，中国旅游出版社2005年版，第2页。
② 卿尚东、陈倩：《旅游景区之旅游商品设计探析——A景区重庆磁器口为例》，《时代经贸》2007年第8期。
③ 谢彦君：《基础旅游学》（第三版），中国旅游出版社2011年版，第129页。
④ Tuan, Y. F., *Topophilia: A Study of Environmental Perception*, Eaglewood Cliffs: Prentice-hall, 1974.
⑤ 张捷：《区域民俗文化的旅游资源的类型及旅游业价值研究》，《人文地理》1997年第3期。
⑥ 唐文跃、张捷、罗浩等：《九寨沟自然观光地旅游者地方感特征分析》，《地理学报》2007年第6期。

方认同和地方依赖研究了旅游地的地方感认知，地方认同包括旅游者对旅游地独特的感官、情感与思考体验，包括对地方原真性的思考体验；地方依赖则来源于游客对地方依赖性的功能要素的体验①。吕宁注重研究游览体验过程中的游客地方感，指出旅游者对目的地的偏好和喜欢来源于对地方的某种情结。旅游者在选择目的地之前获取目的地各类信息，也就对地方产生一种先在感情，并在旅游情境的推动下产生某种怀旧情绪，导致游客在游览体验过程中产生对地方的依附感，同时对目的地的图式进行建构，形成对地方新的认识，这是一个循环的过程，即对旅游地信息不断建构与解读的过程②。梁军认为旅游商品设计的价值往往来源于地域文化的深入剖析，这类剖析和设计过程能够对旅游地特色地域文化的挖掘、发展、传承和传播起到举足轻重的作用③。关于"地方感"的界定，本书从地方感理论内涵出发，将旅游地的地方感分为两个方面：一是地方本身所具有的特质，二是人对地方的依附。前者是指地方客观存在的特征，不会因为人的主观感受而改变；后者强调的是旅游者的一种主观情感，这种情感也属于人们普遍情感中的基本需求，是人的主观情感与地方之间的一种连结，属于一种特殊的人地关系④，而且这种关系往往因人而异。

---

① 汪芳、黄晓辉、俞曦：《旅游地地方感的游客认知研究》，《地理学报》2009年第10期。
② 吕宁：《旅游体验中的地方感研究》，硕士学位论文，东北财经大学，2010年。
③ 梁军：《地域文化对旅游商品设计的研究价值剖析——以徽文化为例》，《重庆科技学院学报》（社会科学版）2012年第6期。
④ 朱竑、刘博：《地方感、地方依恋与地方认同等概念的辨析及研究启示》，《华南师范大学学报》（自然科学版）2011年第1期。

第二节 相关研究进展

一 非遗的基础性研究

从 1997 年 UNESCO 正式提出"非物质文化遗产"概念后，该词汇就开始作为一个新的专业术语得到国内外专家学者广泛关注，吸引了文化学、人类学、民俗学、民族学、经济学、旅游学、地理学等众多学科的跨学科研究，取得了一批颇有价值的成果。外文文献中以"Intangible Heritage Tourism"（非物质文化遗产）为题的并不多，尚未形成独立的研究体系，大多隐含在遗产旅游、文化旅游和民族旅游等领域中。Janet Blake 从四个方面阐述了文化遗产的含义，为后续的非遗保护研究提供了一个历史性、渐变性与关系性的立体型概念体系[①]。Adobe Acrobat 从定义、表现形式和特征等方面对物质和非物质文化遗产进行了对比分析，提出了在实践保护中的注意事项[②]。Harriet Deacon 对非遗概念进行了界定，强调在管理保护规划上，应当同物质遗产一样认真规划并严格遵守[③]。Peter. J. Nas 对非遗相关的定义和概念进行了系统介绍和阐述，主要包括文化记忆、文化空间、口头和非物质遗产等[④]。综合来看，国外部分学者探讨了民族情结和人文关怀等一系列问题，使得这一研究领域发生基本范式的转变，即从文化遗产

---

① Janet Blake, On Defining the Cultural Heritage, *The International and Comparative Law Quarterly*, 2000, (49): 61–85.
② Adobe Acrobat, Tangible and Intangible Heritage: Heritage Different to Convergence of Intangible Culture Heritage, *Museum International*, 2004, 56 (5): 20–21.
③ Harriet Deacon, Intangible Heritage in Conservation Management Planning: The Case of Robben Island, *International Journal of Heritage Studies*, 2004, 10 (3): 309–319.
④ Peter, J. Nas, Masterpieces of Oral and Intangible Heritage, *Parallax*, 2005, (1): 19–34.

的客观属性向人的主观性经验的转向,从注重"物"的保护向以"人"为主导保护的转变,赋予了非物质文化遗产保护的活态性与动态性特征①。

相比而言,国内的理论研究虽然滞后于实践,但仍取得了不少标志性的成果。如喻学才②、崔凤军等③就非物质文化遗产的旅游开发进行了有益探索,认为旅游开发本身具有保护和传承文化遗产的功能,有助于文化遗产的保护和文化产业的发展。杨怡针对非物质文化遗产概念的缘起、现状进行研究,总结了该领域内尚存的一些问题④。王宁指出"界定是非物质文化遗产保护的第一步",归纳了非物质文化遗产高度的个性化、传承的经验性、浓缩的民族性三个特点⑤。乔晓光从法律和知识产权保护、教育传习、活态化保护、产业化保护性开发等方面进行了对策研究⑥。吴馨萍以 UNESCO 对遗产对象保护的系列演变为切入点,对"无形文化遗产"概念的缘起、内涵及表现形式和特征进行分析,进一步探讨该类遗产本质、文化特征⑦。乌丙安就非遗保护传承的意义和理念进行了研究,认为作为活态的非物质文化遗产一旦消失将是永远的,要站在"守望精神家园"的高度,坚持"整体性原则",做到"保护为主,抢救第一,合理利用,传承发展"⑧。

简而言之,国内外关于非遗相关研究取得了大量成果,对其内涵和基本问题进行了研究,涵盖了基础性理论的方方面面,形成了比较

---

① D. F. Ruggles, H. Silverman, *Intangible Heritage Embodied*, New York: Springer, 2009.
② 喻学才:《文化遗产保护与风景名胜区建设》,科学出版社 2010 年版。
③ 崔凤军、罗春培:《旅游与非物质文化遗产的保护》,《法制与社会》2006 年第 19 期。
④ 杨怡:《非物质文化遗产概念的缘起、现状及相关问题》,《文物世界》2003 年第 2 期。
⑤ 王宁:《界定:非物质文化遗产保护的第一步》,《中国民族》2003 年第 3 期。
⑥ 乔晓光:《非物质文化遗产与大学教育和民族文化资源整合》,《美术研究》2003 年第 1 期。
⑦ 吴馨萍:《无形文化遗产概念初探》,《中国博物馆》2004 年第 1 期。
⑧ 乌丙安:《非物质文化遗产保护理论与方法》,文化艺术出版社 2010 年版。

完整的理论框架，为本书提供了宝贵的文献参考。

二 文化遗产旅游及其影响研究

"文化遗产旅游"概念较早且被大家广为接受的是Yale提出的，是指"关注我们所继承的、一切能够反映这种继承的物质与现象——从历史建筑到艺术工艺、优美的风景等的一种礼仪活动"[①]。进入21世纪以后，国内外学者对文化遗产旅游进行重新定义，E. Michael指出应该把文化遗产旅游看作一种社会心理需求，而不应被看作一种任意性的行为[②]。Poria等也从该角度出发，进一步指出文化遗产旅游是基于游客对既定或特殊的旅游目的产生感觉的一种现象[③]。Poria等通过对文化遗产旅游和历史旅游差异分析，指出二者都是旅游的不同类型，但二者也存在明显区别，主要体现在旅游动机的差异上，其中文化遗产旅游的动机是基于对目的地的个人遗产归属感的感知[④]。我国自1985年加入《保护世界文化和自然遗产公约》之后，逐渐形成了有关遗产旅游的研究雏形。王大悟是我国首位使用"遗产旅游"概念的学者，他通过对遗产概念内涵的探讨引申出遗产旅游的概念，指出遗产涵盖人类有文明史以来的一切创造物，包括有形的和无形的。与之相对应，遗产旅游囊括了人文的和自然的两大类，比生态旅游涵盖内容要广[⑤]。

---

① Yale, P., *From Tourist Attractions to Heritage Tourism*, Huntingdon: ELM Publications, 1991.
② E. Michael, *Antiques and Tourism in Australia*, Tourism Management, 2002, (23): 117–125.
③ Yaniv Poria, Richard Butler, David Airey, Clarifying Heritage Tourism, *Annals of Tourism Research*, 2001, 28 (4): 1047–1049.
④ Yaniv Poria, Richard Butler, David Airey, The Core of Heritage Tourism, *Annals of Tourism Research*, 2003, 30 (1): 238–254.
⑤ 王大悟：《巴拿马旅游业TCR行动计划述评——兼析生态旅游和遗产旅游概念的内涵》，《社会科学》1999年第3期。

对文化遗产旅游影响的研究是国外另一个重要的研究方向,大部分成果是通过实证调查方法取得的。与国外类似,我国学者也重视遗产旅游影响研究。崔凤军从资源开发利用角度出发,以泰山的宗教文化旅游为例,探讨了该类旅游资源特征并提出不同主题的开发策略①;孙根年利用人文地理研究方法,对秦俑馆的旅游生命周期与结构变化进行了研究②。此后,还有学者从可持续发展角度出发,通过大量的实例,以遗产旅游发展现状和问题为导向,提出很多有针对性的发展对策和建议。随着遗产旅游研究的不断深入,国内外研究热点开始走向趋同化,不少学者开始注意到遗产旅游影响中的原真性问题,形成了一些颇有借鉴价值的成果③。

文化遗产的开发涉及社会、文化、生态、经济等多个方面,发展旅游有助于文化遗产挖掘、保护、传承、创新、发展,但同时也可能带来破坏甚至是灾难,因此这种影响是不确定的,故需要对文化遗产旅游及影响进行更深的研究,形成更完善的理论体系。

三 非遗与旅游开发的互动研究

通过对国内相关文献进行检索发现,非遗与旅游开发的互动研究大部分出现在 2005 年及以后的年份中,其中有关非遗旅游开发的现状、问题及措施等占据较大比重,所用的研究方法主要为描述分析与实例结合,有关非遗与旅游开发的关系也逐渐成为近几年的研究热点④。

---

① 崔凤军:《泰山宗教文化与开发研究》,《山东科技大学学报》(社会科学版)1999 年第 3 期。
② 孙根年:《25 年来秦俑馆旅游生命周期与结构变化研究》,《干旱区地理》2007 年第 3 期。
③ 张鸿雁、于晔:《从赫哲族"乌日贡"大会看非物质文化遗产的价值》,《艺术研究》2008 年第 1 期。
④ 欧阳正宇:《非物质文化遗产旅游开发研究》,博士学位论文,兰州大学,2012 年。

（一）非遗的旅游开发研究

将非遗的旅游开发研究归纳起来，大致包含非遗是一种重要的旅游资源，旅游开发是非遗保护的重要手段，同时旅游开发也是一把"双刃剑"，应当注重开发和保护的结合；非遗是人类发展进程中留下的宝贵财富，旅游开发是促进非遗传承的有效手段[①]。刘茜指出非遗是旅游业发展的重要资源，同时着重强调非遗的保护性问题，认为只有在确保有利于非遗保护的前提下才可以科学有序地开展旅游开发活动[②]。崔凤军认为非遗能够对旅游起到宣传作用，产生旅游品牌效应，旅游也能够成为抢救和保护非遗的重要渠道，二者可相互促进[③]。陈天培突出研究了非遗对旅游的作用，指出非遗具有区域特色，是一种特色旅游资源，非遗保护与旅游结合能够增加旅游的地方特色，增强旅游竞争力[④]。肖曾艳则着重从旅游对非遗的促进作用出发，探讨了二者之间的良性互动关系[⑤]。刘建平等从辩证与统一的哲学视角出发，认为非遗与旅游开发之间存在对立与统一的矛盾关系，倡导探索非遗保护与旅游开发的双赢路径[⑥]。张博在对非遗特征分析和梳理的基础上，归纳出该类遗产保护传承要注意的一系列问题，并将这些问题与旅游开发进行整合思考，提出文化旅游视野下的非遗保护性开发方向[⑦]。王健指出非遗与旅游之间存在一种天然的渊源关系，这种关系可以使得部分非遗能够开发成为旅游产品，有利于旅游发展和非

---

① 阚如良、李肇荣：《论旅游开发与非物质文化遗产传承》，《旅游论坛》2008年第1期。
② 刘茜：《试用科学发展观认识非物质文化遗产保护与旅游发展》，《西北民族研究》2005年第2期。
③ 崔凤军、罗春培：《旅游与非物质文化遗产的保护》，《法制与社会》2006年第19期。
④ 陈天培：《非物质文化遗产是重要的区域旅游资源》，《经济经纬》2006年第2期。
⑤ 肖曾艳：《非物质文化遗产保护与旅游开发的互动研究》，硕士学位论文，湖南师范大学，2006年。
⑥ 刘建平、陈娇凤：《论旅游开发与非物质文化遗产保护》，《贵州民族研究》2007年第3期。
⑦ 张博：《非物质文化遗产的文化空间保护》，《青海社会科学》2007年第1期。

遗保护传承①。

(二) 非遗旅游开发的必要性和可行性研究

Hyung yu Park 指出遗产是文化产品,能够让游客获得更多的国家归属感②;Lim Tiam Chai 认为文化遗产旅游是提升 Penang(槟榔屿)的城市建设水平的重要动力因素③;Nur Izzati Mohd Rodzi 等在肯定旅游对非遗地居民带来积极影响的同时,指出随着旅游的不断发展,非遗从资源到产品的转变过程,对文化的转变与重建会在一定程度上使其失去原真性④;Bob 等以香港为例,从旅游和非物质文化遗产管理的关系角度出发,认为二者之间关系的发展是一个连续的过程,包括:拒绝、不切实际的期望、并行存在、斗争、共同管理、合作、相互误解,说明在不同的阶段旅游对非遗的利用也要因势而行⑤;雷蓉等对非遗的旅游价值、现状及开发意义等方面进行了分析,通过旅游对非遗保护、传承各方面的促进作用推导出非遗旅游开发的必要性⑥。张瑛在认可非遗作为旅游资源的同时,强调在非遗旅游开发的热潮下,有必要进行冷静的思考,警惕非遗旅游开发过程中的不良倾向,这样才有利于促进非遗保护、传承与旅游开发的良性互动⑦;张瑛等还指

---

① 王健:《非物质文化遗产与旅游的不解之缘》,《旅游学刊》2010 年第 4 期。

② Hyung yu Park, Heritage Tourism: Emotional Journeys into Nationhood, *Annals of Tourism Research*, 2010, 37 (1): 116 – 135.

③ Lim Tiam Chai, Culture Heritage Tourism Engineering at Penang: Complete The Puzzle of "The Pearl Of Orient", *Systems Engineering Procedia*, 2011, (1): 358 – 364.

④ Nur Izzati Mohd Rodzi, Saniah Ahmad Zaki, Syed Mohd Hassan Syed Subli. Between Tourism and Intangible Cultural Heritage, *Procedia Social and Behavioral Sciences*, 2013, (85): 411 – 420.

⑤ Bob McKerchera, Pamela, S. Y. Hoa, Hilary du Crosb, Elationship Between Tourism and Cultural Heritage Management: Evidence from Hong Kong, *Tourism Management*, 2005, (26): 539 – 548.

⑥ 雷蓉、胡北明:《非物质文化遗产旅游开发的必要性分析——基于保护与传承的视角》,《贵州民族研究》2012 年第 2 期。

⑦ 张瑛:《非物质文化遗产旅游开发热下的冷思考》,《西南民族大学学报》(人文社会科学版)2008 年第 2 期。

出旅游对非遗的积极影响主要体现在展示和保护文化、提供保护资金、培养群众基础几个方面①；陈炜等以广西三江侗族非遗为例，认为旅游开发丰富了非遗的价值内涵，使其得到抢救和发展，为非遗保护提供资金，激发当地民众文化自豪感，提高保护意识，提供就业机会，稳定和扩大传承人队伍，说明了非遗旅游开发的重要性②；胡绍华等认为旅游为非遗提供了生存土壤、培育了更多的受众、创新了保护方式、提供了融资渠道、加强了公众的保护意识③；潘年英利用贵州从江县的非遗旅游开发实例研究了该类遗产保护和利用的关系，论证了旅游开发的促进作用，提出实现遗产保护与旅游发展双赢的思路④。

（三）非遗的旅游价值评价研究

对非遗进行旅游价值评价研究既是非遗旅游开发的基础，也是促进非遗保护传承与旅游有利互动的支撑。在非遗旅游价值评价上，陈金华以全州南音为对象，采用 RMP 分析方法对该非遗的旅游价值进行了实证研究⑤。顾金孚等以嘉兴市为对象，对非遗的旅游开发价值及遗产影响力等多类指标进行定量评价⑥。肖刚等指出非遗的旅游价值表现在六个方面，并在此基础上对非遗的旅游现状、景象因素、旅游开发措施等进行剖析⑦。郭剑英等采用模糊综合评价

---

① 张瑛、高云：《少数民族非物质文化遗产保护与旅游行政管理研究——以云南民族歌舞为例》，《贵州民族研究》2006 年第 4 期。
② 陈炜、蒋剑、唐景薇：《试论旅游开发对侗族非物质文化遗产保护的影响——以广西三江侗族自治县为例》，《黑龙江民族丛刊》（双月刊）2010 年第 5 期。
③ 胡绍华、阚如良、曹诗图：《宜昌非物质文化遗产旅游开发研究》，《特区经济》2006 年第 9 期。
④ 潘年英：《从贵州从江县的实践看少数民族非物质文化遗产的保护和利用》，《理论与当代》2005 年第 6 期。
⑤ 陈金华：《云南非物质文化遗产的保护与开发》，《云南社会科学》2004 年第 4 期。
⑥ 顾金孚、王显成：《非物质文化遗产旅游资源价值评价体系初探》，《资源开发与市场》2008 年第 9 期。
⑦ 肖刚、肖海、石惠春：《非物质文化遗产的旅游价值与开发》，《江西财经大学学报》2008 年第 56 期。

方法对四川西部少数民族地区非遗的价值进行了评价[①]。苏卉选取资源特色、资源吸引力、资源等级、生态敏感性、可达性等9个指标对非遗资源价值进行了多层次灰色评价,并对河南境内的多处实例进行了研究[②]。彭小舟等针对非遗旅游开发潜力,利用层次分析法构建了一套指标评估体系[③]。刘桂兰用定性的方法以河南民艺类非遗为例分析了非遗的特征与旅游价值评价[④]。这些评价体系的构建借助已有的统计分析方法,为非遗开发的适宜性评价提供了宝贵的指导和借鉴。

(四) 非遗旅游开发的适宜性研究

在非遗与旅游开发互动关系研究的推动下,近年来有少数学者开始将关注点转移到非遗旅游开发的适宜性上,并出现了一些代表性的观点和成果。曹诗图等在认同非遗是一种重要的旅游资源的同时,认为并非所有的非遗都适合进行旅游开发,研究结论显示表演艺术类、工艺美术类和民俗类非遗的旅游开发适应性更为理想,同时指出非遗的旅游开发应遵循"本真性"原则[⑤]。陈炜等则结合西部地区非遗旅游开发的实践,论述了西部地区非遗旅游开发适宜性评价的必要性与可行性,以期对西部地区非遗保护与开发工作提供理论与经验借鉴[⑥]。在定量研究方面,从论文检索情况来看,主要是陈炜发表了几篇关于

[①] 郭剑英、余晓萍:《非物质文化遗产价值评价——以四川西部少数民族地区为例》,《乐山师范学院学报》2009年第4期。
[②] 苏卉:《非物质文化遗产旅游价值的多层次灰色评价》,《北京第二外国语学院学报》2010年第9期。
[③] 彭小舟、尹华光:《非物质文化遗产旅游开发潜力评估体系的构建方法探析》,《中国商贸》2011年第3期。
[④] 刘桂兰:《民艺类非物质文化遗产的特征与旅游价值评价——以河南为例》,《河南师范大学学报》(哲学社会科学版)2010年第6期。
[⑤] 曹诗图、鲁莉:《非物质文化遗产旅游开发探析》,《地理与地理信息科学》2009年第4期。
[⑥] 陈炜、杨曼华:《论西部地区非物质文化遗产旅游开发适宜性评价的必要性与可行性》,《社会科学家》2011年第2期。

西部地区非遗旅游开发适宜性评价的成果,形成的适宜性评价体系由目标层、评价综合层、评价项目层和评价因子层4个层次组成,其中评价综合层包括开发潜力、开发条件、利益相关者因素、开发效益4个指标,评价项目层由11个指标构成,评价因子层由33个指标构成。研究结果表明,开发潜力在评价综合层中系数最大,开发条件次之,利益相关者因素和开发效益占的比重最小[①]。

四 非遗旅游开发的模式与对策研究

(一) 非遗旅游开发模式研究

关于非遗旅游开发的模式探讨一直是近几年的研究热点,对现有的非遗旅游开发的模式进行文献梳理发现,主要有博物馆模式、主题公园模式、节庆活动模式、舞台剧模式、旅游商品模式[②]。刘河在前人总结的一般模式指导下,创新性地提出了生态保护区模式,并指出民俗旅游村(街)也是一种开发模式[③];范玉娟关注旅游开发的具体形式,以此为突破口将非遗旅游开发模式划分为形象经营模式、休闲演艺模式、旅游商品开发模式、节事旅游模式[④];王玉玲从非遗开发的存在形式出发,将其分为静态和动态两类模式[⑤];吕智敏以四川的手工技艺类非遗为研究对象,主张通过与仿古街区、古民居、古城镇等结合进行开发,与工业旅游结合开发[⑥];雷蓉等针对不同类型的非

---

① 陈炜、陈能幸:《西部地区非物质文化遗产旅游开发适宜性评价指标体系与评价模型构建》,《社会科学家》2011年第10期。
② 梁圣蓉、方淑荣:《南通市非物质文化遗产旅游开发模式研究》,《科技视界》2012年第29期。
③ 刘河:《青岛非物质文化遗产旅游开发研究》,硕士学位论文,中国海洋大学,2008年。
④ 范玉娟:《非物质文化遗产的旅游开发研究》,硕士学位论文,上海师范大学,2007年。
⑤ 王玉玲:《新疆非物质文化旅游资源开发模式研究》,硕士学位论文,华东师范大学,2009年。
⑥ 吕智敏:《四川手工技艺非物质文化遗产的旅游开发与保护》,硕士学位论文,四川大学,2007年。

遗研究提出了不同的旅游开发模式①；张春梅与王玉玲的出发点类似，总结出静态、动态、综合旅游和商品旅游四种开发模式②；贾鸿雁立足非遗的保护和传承，结合其保护手段，将开发模式总结为原生地静态开发模式、原生地活态开发模式、原生地综合开发模式、异地集锦式开发模式③；毕亮认为开发模式还应包括前店后作式、民间自娱自乐式、景区精品展示式、非遗进学校式④；黄继元提出了融入开发型、集聚开发型、民族文化旅游生态村开发模式⑤；肖瑜提出主题旅游线路模式、非物质文化遗产周模式⑥；朱莎提出村寨模式、度假区模式、生态工业园模式⑦；杨洪认为景区依托式、市场依托式也可作为非遗的开发模式⑧；王荻等提出主题深入开发、联合集中开发、附着扩展开发的模式⑨。

（二）非遗旅游开发对策研究

Darussalam Azman Ahmad 通过对 Kampong Ayer 的案例研究，说明旅游发展过程中文化失真、信息缺失、犯罪、设施落后、废弃物处理等都会影响旅游者对旅游目的地的认知，故在开发过程中要关注此类

---

① 雷蓉、胡北明：《非物质文化遗产旅游开发模式分类研究》，《商业研究》2012 年第 7 期。
② 张春梅：《非物质文化遗产旅游开发模式探讨——以承德市为例》，《江苏商论》2009 年第 5 期。
③ 贾鸿雁：《论我国非物质文化遗产的保护性旅游开发》，《改革与战略》2007 年第 11 期。
④ 毕亮：《扬州非物质文化遗产旅游资源的保护与开发》，硕士学位论文，扬州大学，2010 年。
⑤ 黄继元：《云南省非物质文化遗产旅游开发研究》，《旅游研究》2009 年第 4 期。
⑥ 肖瑜：《有关非物质文化遗产旅游开发模式的构建——以大连市为例》，《文化学刊》2010 年第 1 期。
⑦ 朱莎：《非物质文化遗产的旅游开发模式与绩效评价——以张家界"土家风情园"为例》，硕士学位论文，湖南师范大学，2011 年。
⑧ 杨洪：《袁开国侗族非物质文化遗产旅游开发研究——以湖南省怀化市为例》，《管理观察》2009 年第 6 期。
⑨ 王荻、袁尽辉、许劼：《历史城镇非物质文化遗产的旅游开发模式浅析——以码头古镇为例》，《上海城市规划》2010 年第 3 期。

问题①；国内部分学者针对非遗旅游开发中存在的问题，提出了有效的对策建议。叶娅丽以成都为例，指出从加大宣传力度、保护与开发相结合、系统性旅游开发、充分利用非遗节与新非遗公园等方面促进成都非遗旅游开发②；彭小舟、严华光尝试采用专家问卷法和层次分析法来探讨如何确定旅游开发潜力评估指标体系，提出了一种初步评估非遗旅游开发的操作方法，为非遗旅游开发潜力评估做出相应的参考③；辛儒等从树立品牌意识、拓展产业链条、培养人才队伍等方面对河北省曲阳石雕技艺的旅游开发提出建议④；秦艳培认为非遗的保护性开发需做到：坚持可持续发展、做好科学规划，保持原真性、选取合适的开发模式；注重体验性、打造多样化旅游产品⑤；郭艳萍针对山西非遗旅游发展，围绕"食、住、行、游、购、娱"六个旅游要素提出具体开发思路和措施⑥；秦艳培侧重于非遗的商品性开发，将非遗与文化旅游产业相结合，把非遗作为旅游商品并纳入商品体系中实现创意开发⑦；王雪等从保护文化原真、加强政府引导、分类适度开发、重视人才培养四个方面对内蒙古非遗的开发提出建议⑧；Brian

---

① Darussalam Azman Ahmad, The Constraints of Tourism Development for a Cultural Heritage Destination: The case of Kampong Ayer (Water Village) in Brunei, *Tourism Management Perspectives*, 2013, (8): 106 – 113.

② 叶娅丽：《成都非物质文化遗产旅游开发对策研究》，《特区经济》2011年第9期。

③ 彭小舟、尹华光：《非物质文化遗产旅游开发潜力评估体系的构建方法探析》，《中国商贸》2011年第3期。

④ 辛儒、王海：《论非物质文化遗产的旅游开发——以河北省曲阳石雕技艺为例》，《河北学刊》2009年第6期。

⑤ 秦艳培：《非物质文化遗产保护性旅游开发路径探讨》，《洛阳师范学院学报》2012年第10期。

⑥ 郭艳萍：《非物质文化遗产旅游开发研究——以山西省为例》，《生产力研究》2011年第2期。

⑦ 秦艳培：《非物质文化遗产旅游商品性的开发》，《郑州大学学报》（哲学社会科学版）2012年第4期。

⑧ 王雪、杨存栋：《内蒙古非物质文化遗产旅游开发探究》，《干旱区资源与环境》2011年第12期。

Garrod 等采用德尔菲法，得出遗产旅游长效管理机制的约束条件，并通过相关分析推进遗产旅游的可持续发展①；张瑛等以云南民族歌舞为例，强调我国非遗保护中政府的工作职责和要点，包括立法、部门联动、非遗名录保护体系、传承教育、促进旅游产业发展等行政措施②。

第三节 相关理论基础

一 遗产旅游理论

遗产旅游活动源于欧洲，始于18世纪晚期，以1975年欧洲成功举办"建筑遗产年"为标志③。1991年 Yale 对遗产旅游的定义说明了该种旅游包括自然的与人文的、非物质的与物质的文化遗产④。张朝枝、保继刚通过对国内外遗产旅游的相关研究的梳理，发现研究热点主要集中在旅游地、利益相关者（包括旅游者、社区、政府或组织、媒体等）以及旅游活动的管理等结论⑤。相关研究表明，各研究主要区别在于选取的案例、研究方法以及研究重点的不同，但比较一致的观点是主张遗产资源可以作为旅游资源，指出遗产资源的脆弱性，都强调遗产资源的旅游开发需要注重保护，旅游开发也是文化遗产实现

---

① Brian Garrod, Alan Fyall, Managing Heritage Tourism, *Annals of Tourism Research*, 2000, 27 (3): 682-708.
② 张瑛、高云:《少数民族非物质文化遗产保护与旅游行政管理研究——以云南民族歌舞为例》,《贵州民族研究》2006年第4期。
③ Dower, M., *The Tourist and the Historic Heritage*, Dublin: European Travel commission, 1978.
④ Yale, P., *From Tourist Attractions to Heritage Tourism*, Huntingdon: ELM Publications, 1991.
⑤ 张朝枝、保继刚:《国外遗产旅游与遗产管理研究——综述与启示》,《旅游科学》2004年第4期。

保护与传承的手段之一。

二 旅游可持续发展理论

该理论来源于可持续发展思想，追求旅游与自然、文化与人类生存环境的整体性。1987年，联合国世界环境与发展委员会（WECD）提出了划时代意义的报告——《我们共同的未来》，指出可持续发展（Sustainable Development）是"既满足当代人的需要，又不对后代人满足其自身需要的能力构成危害的发展"，成为之后研究和推进旅游可持续发展的指导思想和理论基础。其核心内涵在于强调一种和谐平衡的协调发展思想，要求在旅游发展的过程中协调处理好人与人、人与生态之间的共生关系。从旅游发展的角度来说，协调好旅游与生态环境、文化遗产之间的关系，达到协调永续发展。旅游发展有赖于良好的生态环境做基础，浓厚的文化氛围做支撑。

三 旅游产品开发理论

我国旅游产品开发始于20世纪80年代，发展之初主要以资源开发为导向，基本上是基于R-P的资源评价和开发模式；至90年代，随着市场经济的发展，开始转向基于市场和资源的开发方式，注重产品市场的对接开发，形成M-P的开发模式①；到21世纪初，以资源为基础的R性分析、以市场为导向M性分析和以产品为中心的P性分析共同形成的RMP模式成为旅游产品开发的重要模式和规划框架。近

---

① 闵敏：《区域旅游开发中旅游主题的RMP分析》，《高等函授学报》（自然科学版）2003年第2期。

年来，随着各种实景演出类旅游创新产品的出现，有学者在 RMP 开发模式的基础上进行创新，提出以资源（R）为基础、市场（M）为导向、主题（T）为核心、产品（P）为深化的文化旅游主题开发的 RMTP 理论框架①，形成了新的开发模式。基于非遗的无形性特征，对其进行旅游开发的目的之一是以旅游产品的形式呈现在大众面前，实现更有效的传承与保护，保持文化的特性，因此也遵循旅游产品开发的相关理论。

四 舞台真实性理论

"真实性"（Authenticity）一词原本是用于博物馆，主要含义是指博物馆内呈现的展品都应是真实的，它们的价值与价格也是相符的②。"舞台真实"是在舞台艺术中被广泛运用的专业名词，演员在"前台"演出，"后台"则带有神秘色彩，不会轻易向别人展示。20 世纪 70 年代，麦克坎奈尔（MacCannel）将"Authenticity"一词引入旅游社会研究领域，开启了旅游学界关于舞台真实性的研究，这里的"舞台真实"是指：在旅游开发过程中，文化旅游产品是直接面向游客，是被当做真实的而搬上"前台"，实现面对游客的舞台化展示，也指"文化商品化"③。通过旅游的新方式，实现了对传统文化的包装、裁剪、肢解或删减，由此向游客进行真实的文化再现。但这种方式有可能使得真正的文化场景无法被游客感知。文化的展现需要体现原真性和完整性两个方面，舞台真实性理论作为遗产领域的核心理念，成为世界

---

① 陆军：《实景主题：民族文化旅游开发的创新模式——以桂林阳朔"锦绣漓江·刘三姐歌圩"为例》，《旅游学刊》2006 年第 3 期。
② 张晓萍、李伟：《旅游人类学》，南开大学出版社 2008 年版。
③ 张晓萍：《旅游业与"舞台真实"——一种西方人类学的观点》，《民族旅游的人类学透视》，云南大学出版社 2005 年版。

遗产申报、评估、保护和环境整治的直接依据①。在旅游开发和文化旅游发展过程中，既要保持当地传统文化免受冲击，保持本土文化的原真性，又要满足旅游者的游览体验和文化需求，进行适度的"舞台化"。故在非遗旅游开发时，注重保护和传承并不是强调完完全全保存延续其原始状态，而是可以在保持其原真性的基础上进行适度的"舞台化"，以此来推动非遗的活态传承与发展。

五　符号价值理论

"符号价值"最早是由法国著名的哲学家和社会学家让·鲍德里亚提出来的，他通过引入符号价值对旅游商品进行重新思考，形成了商品的主观效用价值②。符号价值是商品社会属性的一种抽象表达和载体，符号价值体系即符号组成的物体系。该结构体系已经排除了商品作为物品的具体有用性，因此只剩下该种符号本身所蕴涵的一种社会、文化意义。著名的人类学家 Graburn 是西方符号学研究的代表人之一，他倡导用符号学以及符号人类学的方法对符号、标志、象征、民间传说、神话、规则、旅游纪念品等"文化文本"进行建构分析，以揭示意义结构、文化结构及其变化的过程和规律③。1976 年，Dean MacCannell 率先将符号学引入到旅游研究，在《旅游者：休闲阶层新论》一书中提到了旅游的符号意义，并创新性地提出旅游吸引物的文化标志及象征符号等④。

---

① 王振、刘丽华：《谈世界文化遗产的完整性与原真性》，《城市建设理论研究》（电子版）2011 年第 30 期。
② [法] 让·鲍德里亚：《物体系》，林志明译，上海人民出版社 2001 年版，第 222—223 页。
③ 谢彦君、彭丹：《旅游、旅游体验和符号》，《旅游科学》2005 年第 4 期。
④ Dean MacCannell：《旅游者：休闲阶层新论》，张晓萍等译，广西师范大学出版社 2008 年版，第 43—44、128—133、149 页。

第四节 研究思路与方法

一 研究思路

本书紧扣"非物质文化遗产保护传承与旅游开发的互动关系",针对非遗保护传承的这一核心目标,运用多学科研究方法,在阐述非遗特征的基础上,分析了非遗保护传承的成效及存在的突出问题,论证了旅游促进非遗保护传承的互促和约束效应,探讨了旅游产业化促进非遗保护传承的可行性,针对本书确定的难点与重点进行了"非物质文化遗产旅游开发的适宜性评价""非物质文化遗产的旅游开发模式""非物质文化遗产的旅游商品开发"专题研究,进而提出非遗旅游开发的适宜性评价模型和四类非遗的旅游开发模式,由此构建非遗保护传承与旅游开发的良性互动机制,探索总结了人本范式、品牌IP化、项目主题化、产业融合化、产品体验化、活动场景化六大策略,并运用于鄂西山区的非遗旅游开发实践。具体的研究思路如图1-1所示。

二 研究方法

基于非遗保护与传承的问题导向,在综合采取文献分析法、田野调查法、案例研究法、归纳演绎法的基础上,运用数理分析法构建定量的评价模型,充实了非遗旅游开发研究的定量研究方法。同时本书把实证研究与理论构建结合起来,体现了较高的思想境界和问题意识;本书不仅注重非遗单体的保护传承与旅游开发研究,还注重旅游目的地非遗综合的开发实践探索;不仅是纯粹的理论构建,更有非遗旅游

```
┌──────────┐   ┌─────────────────────┐   ┌──────────┐
│ 背景解读 │──▶│     研究主题        │◀──│ 研究现状 │
└──────────┘   │非遗保护传承与旅游开发互动│   └──────────┘
               └─────────────────────┘
                          ▼
               ┌─────────────────────┐
        ┌─────▶│  非遗保护与利用的现状 │
        │      └─────────────────────┘
        │       ┌────┐ 旅游价值 ┌────────┐
        │       │非遗│◀────────▶│旅游开发│
        │       └────┘促进保护的可行性└────────┘
        │      ┌─────────────────────┐
        │      │非遗保护传承与旅游开发的关系│
        │      └─────────────────────┘
        │       ┌────────┐┌────────┐┌────────┐
        │       │相互促进││相互约束││耦合互动│
        │       └────────┘└────────┘└────────┘
        │                   ▼
        │  ┌────┬────┬────┬────┬────┬────┐
        │  │资源评价│市场潜力│开发条件│……│文化空间│传承人│
        │  └────┴────┴────┴────┴────┴────┘
        │           ┌─────────────────┐
        │           │非遗旅游开发的适宜性评价│
        │           └─────────────────┘
   ┌────┐    ┌─────────────────┐   ┌──────┐
   │实证│◀───│非遗旅游开发的主要模式│──▶│秭归  │
   │研究│    └─────────────────┘   │端午节│
   └────┘     ┌────┬────┬────┬────┐└──────┘
              │表演艺术类│传统技艺类│文学作品类│传统习俗类│
              └────┴────┴────┴────┘
              ┌─────────────────┐
              │非遗旅游商品开发研究│
              └─────────────────┘
   ┌────┬────┬────┬────┬────┬────┬────┐
   │旅游商品符号价值双重性│符号价值的双重性│地方感的双重性│地域文化分析│地方符号提取│地方感开发模式│旅游商品"地方感"开发模式│
   └────┴────┴────┴────┴────┴────┴────┘
                          ▼
               ┌─────────────────┐
               │非遗旅游开发的对策与应用│
               └─────────────────┘
   ┌────┬──────┬────────┬────────┬────────┬────────┐
   │人本范式│品牌IP化│项目主题化│产业融合化│产品体验化│活动场景化│
   └────┴──────┴────────┴────────┴────────┴────────┘
```

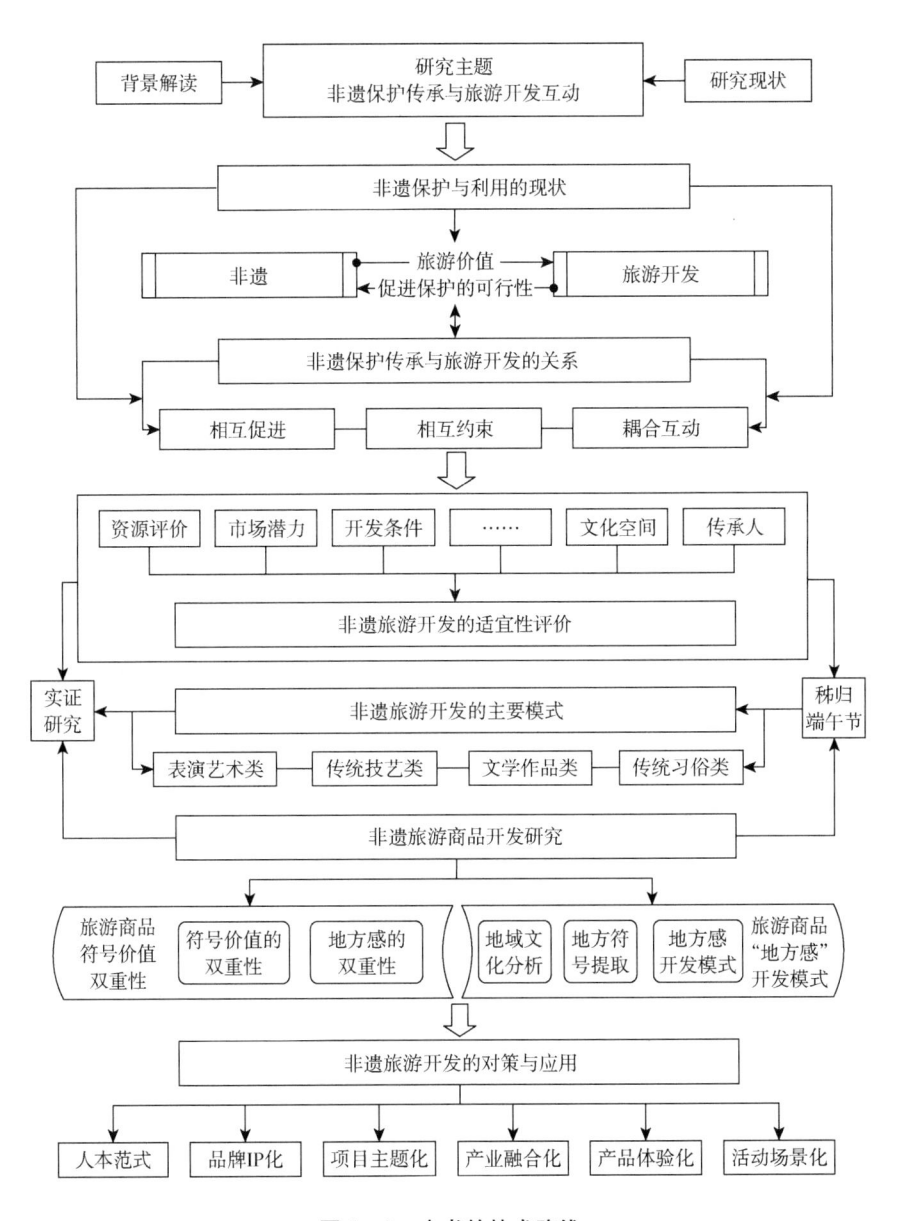

图 1-1　本书的技术路线

开发的实践探索，在理论指导实践中不断修正形成了非遗"传承人"、文化空间和文化生境的整体保护传承与旅游开发体系。主要研究方法有：

（一）文献分析法

本书建立在大量文献分析的基础上，通过查阅各类学术期刊网站和报刊、书籍等，充分研究国内外非遗保护传承及旅游开发相关领域的文章、专著，并结合当下实际，掌握非遗领域的研究动态，针对非遗保护传承及旅游开发研究现状提出新的研究角度和研究内容。

（二）田野调查法

针对本书所选取的案例进行实地调研，采取资料收集、实地走访、田野调查等方式深入了解相关非遗保护传承的现状及旅游开发过程中存在的问题，为非遗旅游开发模式的研究准备了较充分、完整的一手资料。

（三）数理分析法

本书主要引入层次分析法、德尔菲法、模糊数学法等数理分析法构建了一套非遗旅游开发的适宜性评价体系。其中模糊数学是研究和处理模糊性现象的一种数学理论和方法，可以将定性研究转为定量研究。

（四）案例研究法

结合鄂西山区非遗旅游开发实践，以具体的非遗旅游开发为案例，进行实践探索与归纳总结，从资源特色、保护现状、开发模式等角度进行挖掘剖析。通过实际案例进行理论验证，得出非遗旅游开发的一般性适用理论。

（五）归纳演绎法

通过对国内外相关理论的研究和观点进行归纳总结、提炼升华，综合分析案例，对非遗保护传承与旅游开发的互动关系以及非遗旅游开发的主要模式等进行归纳总结。

第五节 研究创新点

本书在不回避非遗保护传承与旅游开发的现实矛盾的基础上,统筹考虑文化大繁荣与文化产业大发展的关系,提出文旅互动理论体系,主要有以下几点:

(1)构建了非遗保护传承与旅游开发的 PPB 三圈耦合机制,有利于形成保护圈、发展圈、效益圈协调发展的复合有机体,促进非遗的保护传承和旅游效益的释放;

(2)构建了非遗旅游开发适宜性的 PCPIB 五维评价模型,有利于定量评价各类非遗的旅游开发适宜性;

(3)提炼了非遗的四分法旅游开发模式,即表演艺术类的生境舞台表演模式、传统技艺类的文化空间再造模式、文学作品类的文化场景演绎模式、传统习俗类的特色节庆活动模式,有利于指导各类非遗单体资源的旅游开发;

(4)构建了基于互利共生的非遗旅游商品地方感开发模式,有利于指导开发具有符号价值的地方感旅游商品;

(5)实践探索形成了旅游目的地非遗整合开发的六大策略,即人本范式、品牌 IP 化、项目主题化、产业融合化、产品体验化、活动场景化,有利于指导非遗旅游开发的具体实践。

第六节 研究意义

我国非遗资源丰富多彩、类型众多,不同类型之间有着很大的差异性和独特性,本书立足于非遗旅游开发的可行性和适宜性,针对不同类型的非遗,通过分类研究、实例论证,形成非遗保护传承和旅游开发之间的互动机制和互动对策，构建不同类型非遗的开发模式，归纳提出非遗旅游商品开发策略，提出了非遗旅游开发的人本范式、品牌IP化、项目主题化、产业融合化、产品体验化、活动场景化六大策略。本书从文化旅游产业化的视角，探索提出非遗保护传承与旅游开发互动的理论体系，不仅丰富了非物质文化遗产研究的理论成果，还可以指导具体的旅游开发实践；既促进了非物质文化遗产的保护传承，又有助于文化旅游产业的持续发展，体现了"以文塑旅、以旅彰文"，因而具有重要的理论价值和现实意义。

第二章 非遗保护与利用的现状

第一节 我国非遗保护名录

一 我国世界级非遗保护名录

随着全球范围内非遗保护运动的兴起,我国也积极加入世界遗产名录申报和保护热潮之中,形成自上而下的遗产保护工作机制。通过十多年的持续努力,截至 2018 年 12 月,我国入选联合国教科文组织的非遗名录累计 40 项,包括"急需保护名录"7 项、"保护实践范例"1 项,具体名录见表 2-1。

表 2-1　　　　　　　　中国入选世界非遗代表性项目

序号	项目名称	宣布年份	收录年份
1	昆曲	2001	2008
2	古琴艺术	2003	2008
3	新疆维吾尔木卡姆艺术	2005	2008
4	蒙古族长调民歌(中蒙联合申报)	2005	2008
5	蒙古族呼麦歌唱艺术	2009	2009

续表

序号	项目名称	宣布年份	收录年份
6	中国雕版印刷技艺	2009	2009
7	中国书法	2009	2009
8	中国剪纸	2009	2009
9	中国传统木结构营造技艺	2009	2009
10	中国朝鲜族农乐舞	2009	2009
11	《格萨尔》史诗	2009	2009
12	侗族大歌	2009	2009
13	花儿	2009	2009
14	《玛纳斯》史诗	2009	2009
15	南音	2009	2009
16	热贡艺术	2009	2009
17	中国传统桑蚕丝织技艺	2009	2009
18	端午节	2009	2009
19	妈祖信俗	2009	2009
20	中国篆刻技艺	2009	2009
21	南京云锦织造技艺	2009	2009
22	龙泉青瓷传统烧制技艺	2009	2009
23	宣纸传统制作技艺	2009	2009
24	藏戏	2009	2009
25	西安鼓乐	2009	2009
26	粤剧	2009	2009
27	羌年※	2009	2009
28	黎族传统纺染织绣技艺※	2009	2009
29	中国木拱桥传统营造技艺※	2009	2009
30	京剧	2010	2010
31	中医针灸	2010	2010
32	麦西热甫※	2010	2010
33	中国水密隔舱福船制造技艺※	2010	2010
34	中国活字印刷术※	2010	2010
35	中国皮影戏	2011	2011

续表

序号	项目名称	宣布年份	收录年份
35	赫哲族说唱艺术※	2011	2011
37	福建木偶戏后继人才培养计划※※	2012	2012
38	中国珠算	2013	2013
39	二十四节气	2016	2016
40	藏医药浴法	2018	2018

注：※为急需保护名录，※※为非遗保护实践范例。

目前，我国跻身世界级的非物质文化遗产项目总数位居世界第一，成为名副其实的非遗大国。通过表2-1可以看出，我国世界级非遗项目数量多，种类多样，涉及表演艺术、民间习俗、礼仪、节庆、传统手工技艺技能等，遍布全国各地，以少数民族生活艺术和传统手工技艺居多。列入"急需保护名录"的7项是羌年、黎族传统纺染织绣技艺、中国木拱桥传统营造技艺、麦西热甫、中国水密隔舱福船制造技艺、中国活字印刷术、赫哲族说唱艺术，列入"非遗保护实践范例"的1项是福建木偶戏后继人才培养计划，表明我国非遗申报卓有成效。

二 我国国家级非遗名录统计分析

在申报和保护世界级非遗的同时，我国启动国家级非遗项目的收录和保护工作。自2006年起，我国先后公布了国家级非遗名录共计五批包含2161项[1]，各类统计数据详见表2-2。

---

[1] 《国务院关于公布第五批国家级非物质文化遗产代表性项目名录的通知》，http://www.gov.cn/zhengce/content/2021-06/11/content_5616457.htm，2021年6月11日。

表 2-2　　　　　　　　中国国家级非物质文化遗产名录

类型	代表性项目数量（项）						扩展性项目数量（项）				
	第一批	第二批	第三批	第四批	第五批	合计	第一批	第二批	第三批	第四批	合计
民间文学	31	53	41	30	12	167	5	8	7	9	29
传统音乐	72	67	16	15	19	189	17	16	19	8	60
传统舞蹈	41	55	15	20	13	144	13	16	16	9	54
传统戏剧	92	46	20	4	9	171	33	28	15	14	90
曲艺	46	50	18	13	18	145	15	10	4	2	31
传统体育、游艺与杂技	17	38	15	12	27	109	4	8	6	13	31
传统美术	51	45	13	13	17	139	16	19	23	22	80
传统技艺	89	97	26	29	46	287	24	28	32	36	120
传统医药	9	8	4	2	0	23	5	7	10	11	33
民俗	70	51	23	15	24	183	15	24	21	16	76
总计	518	510	191	153	185	1557	147	164	153	140	604

由表 2-2 可以看出，我国抢救收录的非遗类型更趋多样，第六批遗产收录和保护工作即将启动，非遗项目的收录范围将进一步扩大。我国已抢救保护并收录的国家级非遗按曲艺，民俗，民间文学，传统音乐，传统技艺，传统医药，传统舞蹈，传统戏剧，传统体育、游艺与杂技，传统美术十大类进行收录。其中传统技艺项目数最多，达 407 项，约占总数的 18.8%；传统医学项目最少，仅 56 项，可见不同非遗的抢救与保护存在较大差异。

第二节　非遗的主要特征

通过对非遗的概念、内涵和价值进行整理和比较研究，发现非物质文化遗产与物质文化遗产存在着诸多差异（见表 2-3），非遗区别于物质文化遗产最本质的地方是其具有"非物质"性，这也是非遗的基本特征之一；而且非遗的重要载体是活态的"人"而非物质形态的遗产，一旦活态的"传承人"消失就不可再生，具备"人在艺在、人亡艺绝"显著的活态化特征①。

表 2-3　非物质文化遗产和物质文化遗产主要区别

	非物质文化遗产	物质文化遗产
特征	非物质性	物质性
存在领域	精神	物质
时代性	延续性	不具延续性（仅反映时代特点）
形态	活态	静态
保护方法	传承（传习以及教育等）	永续保护（展示利用以及考古收藏等）

一　无形性

相对于有形的物质文化遗产而言，非物质文化遗产是一种依赖于人的思想观念、抽象的、变动的文化思维，依附"传承人"而存在。因此，非遗被视为无形的文化遗产。

无形性是非遗的本质属性，与物质文化遗产相比较来看，非遗存在两方面的特征差异，其一是非遗不是有形可感知的，其二是非遗不像物质文化遗产那样具有稳定性。然而，非遗的无形性特征并不排斥其载体的有形性，可以凭借传承人的有形的、可感知的物与活动来进行传播与继承。

---

①　阚如良、史亚萍：《非物质文化遗产旅游开发的"人本范式"》，《光明日报》2014 年 6 月 11 日第 16 版。

二 特殊性

非遗的特殊性体现为传承的特殊性。文化遗产无论是非物质的还是物质的，都是前代为后代留下的财富，后代可传承和享用，二者具有可传性、凭借物质载体记忆、传承的稳定性等特征。但非遗对"传承人"的依附本质决定了其传承必须由人类代代相传，无论是个体还是群体或集体都可以得到继承、利用和发展，因此非遗的传承又具有其自身的特殊性。

非遗是对人"精神文化"的传递，需要凭借"传承人"的传习，载体和对象是分离的[①]。非遗依靠人与人的交流而传承，不同于物质文化遗产传承的以物传承，非遗传承对人的技艺要求更高，人不仅只作为遗产的保留者，还是非遗的创造者，每一次传承都可能是一次创造性的活动。因而，非遗的传承对人的依赖使其独具特性。

三 地域性

非遗是在特定的自然与人文环境下演变形成的。一方水土养一方人，不同区域产生的非遗带有鲜明的地域性，其传承也只能在与之相适应的文化空间和文化生境中进行，因此非遗都普遍带有民族和地域的印记，具有鲜明的地域性特征。就民俗类非遗的地域性和民族性而言，既受到民族聚居区的特殊自然条件、特定文化传统和社会生活习惯的影响，又受到包括资源环境、生活方式及价值观、审美观等地域属性的影响。同样，民间曲艺和民间故事类非遗，取材源于当地民间生活

---

① 宋俊华：《非物质文化遗产特征刍议》，《江西社会科学》2006 年第 1 期。

的文学艺术、说唱语言、审美情趣,这些都具有浓郁的地方特色①。

四　多元性

非遗的存在形态是多元的,不同区域、不同种族、不同群体都可能产生外部的差异,甚至在同一区域、种族、群体的不同时期,也会产生内部的差异。更为重要的是,非遗"传承人"的气质、修为、素养及风格也会丰富非遗的内涵。从本质上说,非遗的多元性特征就是文化内涵的多元性。

五　活态性

非遗是一种动态的文化,与"传承人"相伴而生,通过传习才能让它继续传承和发展,其活态性特征显著。非遗源于人类生产生活,它随着人类社会的发展而丰富;非遗依托于"传承人"本身而存在,它的每一种表现形式都是动态的。不管是音乐、舞蹈,还是传统技艺、传统节庆,都离不开动态的"传承人"作为其表现的直接载体。音乐、舞蹈、口技、民俗习惯等表现形式的动态性贯穿于非遗的整个存在过程中,以此赋予它们活态的特征与生命力。

六　脆弱性

非遗的脆弱性是由其保护传承的特殊性、展示存在的活态性等特

---

① 纪文静:《中国非物质文化遗产旅游开发研究》,硕士学位论文,华中师范大学,2007年。

点决定的。非遗的传承与发展对其存在的社会环境及传承人的观念与技艺有严格的要求，很容易随着人的变化而变化。随着社会日趋全球化、现代化，非遗传承的"文化空间"和"文化生境"日渐消失，其传承主体——"传承人"的思想观念发生转变，新一代年轻人的价值观念不同于以往，容易造成后继无人的尴尬局面。实际上，诸多非遗随着身怀绝技的老人的逝去而消失，并且很难重拾，极具脆弱性。

第三节　我国非遗保护与开发的成效

一　我国非遗的保护现状

我国非遗保护源自 20 世纪 90 年代初，当时福建、云南、贵州、广西等省份就颁布了关于民族民间传统的文化保护条例。1997 年国务院正式颁布《传统工艺美术保护条例》，成为非遗保护的全国性法规依据。此后，以 2001 年昆曲艺术入选世界"人类口头和非物质遗产代表作"为标志，我国非遗保护逐渐辐射到全国。2003 年 1 月 20 日，文化部、财政部联合启动了民间民族文化保护工作，自此我国非遗保护进入整体性阶段。此后，2004 年 8 月我国政府正式加入联合国教科文组织的《保护非物质文化遗产公约》；2006 年，文化部公布第一批国家级非遗名录；2009 年，遵照《关于加强我国世界文化遗产保护管理工作的意见》，中央政府联合全国万余名民间艺术家编撰完成了《中国民族民间文艺集成志书》，抢救和保存了一大批珍贵的民间文化艺术资料。到 2011 年，我国正式出台了《中华人民共和国非物质文化遗产法》，标志着非遗保护进入国家法律保护阶段。目前，国家及各省份先后颁布各类非遗保护法规百余部，相关法规和条例在不断丰富和完善中，非遗保护立法取得了阶段性成果。

表2-4　　　　　全国性非物质文化遗产保护法规条例一览

序号	法律法规	颁布时间
1	《传统工艺美术保护条例》	1997年5月
2	《关于加强我国世界文化遗产保护管理工作的意见》	2004年2月
3	文化部、财政部《关于实施中国民族民间文化保护工程的通知》	2004年4月
4	财政部、文化部关于印发《国家非物质文化遗产保护专项资金管理暂行办法》的通知	2006年7月
5	《世界文化遗产保护管理办法》	2006年11月
6	《国家级非物质文化遗产保护与管理暂行办法》	2006年12月
7	《国家级非物质文化遗产项目代表性传承人认定与管理暂行办法》	2008年5月
8	《国家民委关于做好少数民族语言文字管理工作的意见》	2010年5月
9	《中华人民共和国非物质文化遗产法》	2011年2月

二　非遗旅游开发的实践

在以政府为主导的非遗立法、收录与保护基础上，作为非遗保护传承的有效方式之一，非遗旅游开发一直备受学者关注。前面的文献综述表明，旅游开发使非遗呈现出新的生命力：一是非遗的审美、科考、教育等价值得到更为全面的体现；二是非遗融合了新元素，其内涵显得更为丰富，更易得到传承。

在非遗旅游开发的实践过程中，各地探索形成了不同的非遗旅游开发方式，将非遗进行全新的演绎，设计运用于旅游开发中，融合于旅游产品中，既丰富了旅游产品内涵、提升了旅游发展品质，还有利于非遗的积极保护和更为广泛的传承。目前学者在对众多案例对比研究的基础上，分析得出了我国非遗旅游开发的三种主要方式[①]，一是

---

① 雷蓉、胡北明：《非物质文化遗产旅游开发模式分类研究》，《商业研究》2012年第7期。

以保护为主体的非遗保护园,以湘西非物质文化遗产园为典型;二是主题公园开发模式,以成都非物质文化遗产博览园为典型;三是依托景区的实景演艺进行保护传承,以桂林刘三姐大型实景演出为典型。此外,不同学者还总结了传统手工艺品、文化遗产博览会等方式,主张通过与仿古街区、古民居、古城镇等结合进行开发、旅游商品开发,与工业旅游结合开发①。

宜昌在非遗保护传承与旅游开发上走在前列。宜昌拥有的非遗为文艺精品创作提供了大量鲜活的素材,文艺工作者对非遗进行不断的衍生创作,既促进了非遗的大众传播,又为文化旅游产业发展提供了佳作。宜昌成立了旅游产业发展委员会,《宜昌市非物质文化遗产保护条例》2019年6月1日起施行,设立文化旅游发展基金,建立文化产权交易中心,评比表彰优秀文艺创作成果,激发了广大文艺工作者的创作热情,形成了《巴土恋歌》等十多项国家级文艺精品,"土苗兄妹"组合使长阳山歌唱响神州。与此同时,《楚水巴山》《花咚咚的姐》等一批具有浓郁风情的文艺精品进入文化旅游演出市场,让非遗成果惠及更多民众,极大地提升了宜昌文化旅游的知名度和美誉度。在重视对非遗文化进行本真性、原生态保护的同时,宜昌还发挥非遗的经济价值作用,大力发展文化旅游产业,积极推进文旅互动、活态开发战略,致力打造千亿文化旅游产业、建设世界旅游名城。一方面,宜昌结合自身的文化主题和特点,开发出一批以非遗为主题的景区、村落、餐厅、酒店、文博馆和节庆活动等,作为展演非遗的重要平台;三峡人家景区成为非遗的场景式体验性开发典范,晋升为国家5A级旅游景区;利用非遗技艺"枝江民间手工布鞋技艺",开发手工布鞋,

---

① 吕智敏:《四川手工技艺非物质文化遗产的旅游开发与保护》,硕士学位论文,四川大学,2007年。

成为地方特色的文化旅游商品。另一方面将非遗与现代科技结合，创新文化旅游业态。宜昌依托国家文化产业示范基地，规划兴建钢琴文化科技馆，采用现代科技手段演奏宜昌特有的表演艺术类非遗文化。通过文旅互动、活态开发，让鲜活的非遗焕发出新的生机，进一步凝聚了非遗保护传承的动力①。

第四节 非遗保护传承面临的问题

一 非遗保护传承的协同发展问题

在新一轮城镇化进程中，非遗赖以生存的传统乡村生活方式被商业经济与工业化、人口迁移与集聚、城市社区所取代，非遗保护与传承的生存环境不可逆转地变化着，因此非遗保护传承就面临着与新型城镇化协调的问题。

一是要走乡村振兴战略，在保持新型城镇化的前提下保留乡村面貌或样态，保护好文化生态环境。非遗的保护传承需要特定的生态文化环境，只有在适合的环境中才能存活和丰富，一旦失去依赖的社会环境，非遗的内涵将会一步步摒弃，最后走向消亡的境地。

二是要把城市建设与文化旅游进行系统整合，遵循新型城镇的文化特色化理念，提炼非遗的文化元素内涵，为其注入新的表现方式与形式，使其相互融合、共同发展。城镇化发展是必然的进程，同样非遗的保护传承也尤为重要，只有将二者结合才会有更强的生命力，才能使城市建设与文化旅游协调发展②。

---

① 阚如良：《文旅互动让鲜活非遗焕发生机》，《光明日报》2013年10月2日第3版。
② 阚如良：《城市建设与文化旅游业系统整合研究——基于城市产业演进的视角》，《三峡大学学报》（人文社会科学版）2015年第6期。

二 非遗保护传承的法制建设问题

2011年2月25日，我国正式颁布《中华人民共和国非物质文化遗产法》，结合此前各地方政府所颁布的法规条例，我国非遗保护政策法规建设已经取得初步进展，然而我国非遗全面保护的法律体系建设还有待完善，仍存在着几项亟待解决的问题。

一是尚未设立国家级的专门机构统一牵头和管理非遗保护工作。非遗保护工作是一项具有极大的科学性及专业性的工作，需要统一的部署与规划。《中华人民共和国非物质文化遗产法》第十一条规定：县级以上人民政府根据非遗保护、保存工作需要，组织非遗调查，非遗由文化主管部门负责。但该法在其他条文中又把国务院文化部门作为国家级的管理机构。不难看出，部门工作相互交叉，使非遗保护的具体实践容易发生重复或者遗漏，导致保护工作开展效率低。

二是我国非物质文化遗产法虽列举了传承人的相关权利，但并未对其救济政策作出具体规定。目前我国非遗保护工作资金主要由政府支持，民间资本还未发挥其重要作用，若地方缺乏保护意识或专项资金匮乏，传承人缺乏相应的救济途径，实现法律所赋予的传承人的权利将十分艰难。

三是我国非物质文化遗产保护相关法律条文多以指导性为主，不具有强制性。纵观全国性的法律法规和地方法规条例，均以鼓励支持非遗保护工作为主导，未曾做出明确规划，对违反相关法律的行为也少有处理措施，使得非物质文化遗产法的实施效果大打折扣。

非遗保护的法律体系建立要切实有效才能有成效，我国非物质文化遗产法律法规体系建设任重道远。

三 非遗保护传承的科技支撑问题

以口授及亲身传授为传承方式的非遗传承面临着后继无人的境地。在科技发展热潮的推动下，更多人将目光瞄准将科学技术运用于非遗的保护传承，并且已取得一定的成就。例如虚拟故宫漫游、故宫数字化、三峡文化遗产数字化展览工程、舞蹈动作捕捉技术运用等，但对大量的非遗保护而言，科技运用的广泛性还存着问题。

一是科技人才紧缺，缺乏综合性研究人才。没有人才支撑，科技将难以发展，同时也无法将科技运用于非遗保护传承。作为非遗保护传承的新方式，科技手段需要进一步创新并加以合理运用。

二是未曾设立非遗科技研发专项基金，市场主体缺少研发动力。非遗保护的科技研发本身耗时、耗力，我国虽立法进行非遗保护传承，但针对非遗科技研发并无支撑政策，此外民间资本也没有合适的渠道用来投入非遗研究。

四 非遗保护传承的大众参与问题

从文化生态的核心本质来看，其最终的落脚点还是国民大众[①]。因此，非遗的保护既要关注人生存的自然环境和社会环境，更要引导人积极、自觉参与；否则，非遗也就容易失去其自身活态文化的意义。反观我国现今的非遗保护传承实践，往往忽视了普通大众的参与，而且公众的参与也流于形式，存在着难以调节的问题。

---

① 刘志军：《非物质文化遗产保护中的大众参与——以主客位视角为中心的探讨》，《文化艺术研究》2009 年第 2 期。

一是政府包揽工作，民众缺乏参与性。在现实生活中，政府包办流行，处处可见政府越俎代庖的做法，本应由民间组织的活动变成政府主导，民众反而变成旁观者，内容也变得"现代化"，失去韵味。政府过多地干预非遗保护传承活动，让普通大众失去了其主体地位。

二是缺少文化引导，民众缺乏对非遗价值的认知。尽管非遗源于传统生活，但社会现代化的冲击使得更多的人越来越忽视传统文化的魅力，加上一些不伦不类的过度商业化开发，更加引起民众的反感，使得普通大众缺少对非遗的认识与热爱，从而更少有人愿意参与到非遗的保护工作中。文化来源于大众生活，政府在组织非遗保护工作中，更应关注大众参与。

五　非遗保护传承的创意开发问题

非遗保护传承与开发方面目前存在多种观点，有人坚持保护性传承，以复制文化基因进行传承，反对商业化开发；有人坚持产业化传承，遵循市场发展规律，与现代创意产业结合来实现传承发展。两种观点矛盾重重。

一是如何做到非遗的原真性保护。非遗往往以文化艺术为载体表现，其生存生态具有特定的环境，原真状态下的非遗是对其生态情景和时代的展示。商业化开发后其功能价值得以体现，但其文化内涵却被淡化甚至被滤掉，脱离了生态环境的产业化复制使得非遗丧失了丰富的个性，千篇一律。非遗的文化创意开发很难保留其原真性。

二是非遗如何适应现代化创意产业。城镇化进展加快和现代化生活变革使得非遗的生态环境正在流失，非遗需要丰富内涵适应现代化社会，以此形成新生存环境。而现代创意产业快速发展的状态会忽视非遗的原生环境，若结合出现偏差，即使非遗进入大众视野，其本真的韵味也难以传承。

现代社会环境下的非遗很难完全复制原本的生态环境，更多的是产业化传承，我国非遗的创意产业开发需要慎重对待。

六 非遗保护传承的适宜方式问题

关于非遗的保护传承，不同国家根据本国的国情、文化价值及法律传统等，探索形成了诸多的保护模式，其中以行政保护和法律保护最为典型。各国行政保护和法律保护方式都有成功之处。此外，非遗保护还采用合同、商标、专利、隐私、不当得利、商业秘密等方式[①]。尽管非遗保护方式多样，但如何找到符合我国国情的保护方式仍值得思考。我国非遗保护在借鉴国际经验的过程中存在以下问题。

一是各种保护方式都还有缺陷。无论是行政保护还是法律保护，或者其他方式，只适宜于非遗某一功能或者某一价值的保护。

二是缺乏非遗保护方式的评价体系。文献查阅表明，非遗旅游开发模式研究众多，但对于非遗旅游开发的适宜性的探索并不多见。

针对不同类型的非物质文化遗产，寻找一种合适的保护和发展方式，对我国非遗保护工作的开展大有裨益。

七 非遗保护传承的政府支持问题

非遗保护传承工作需要耗费大量人力、物力、财力，是一项烦琐

---

① See Jack E. Brown, Looking Beyond Intellectual Property In Resolving Protection of the Intangible Cultural Heritage of Indigenous Peoples, at Cardozo, *Journal of International and Comparative Law*, 2003, (11): 633 – 676.

复杂的工作,同时又是一项公共文化事业。由此来看,政府必须作为主导参与并支持非遗的保护传承工作。到目前为止,尽管我国政府建立了非遗保护的法律法规体系,但政府如何有效支持非遗保护传承工作,还存在诸多问题。

一是尚未建立非遗保护传承管理的长效机制。非遗保护传承管理部门涉及文化部门、民族宗教部门、旅游部门等,职责不明,保护工作难以落到实处。无论是地方还是中央都还没有形成非遗保护传承的长效机制,非遗保护尤其是传承工作难以持续开展。

二是非遗的教育及人才培养滞后,保护与传承脱节。教育领域缺乏对非遗的价值认知和保护的重视,尤其是教育机构缺乏对文化遗产人才的培养,年轻一代受新文化与西方文化冲击,缺少对传统文化保护的意识。加上非遗的传习方式特殊、学习难度大、经济效益不高,很少有年轻人愿意投身到非遗的保护传承工作中,老一辈传承人终会逝去,时代不断变迁,非遗也就面临失传的危险。

三是非遗价值缺乏适宜的开发利用。非遗保护传承是一项系统性工作,需要社会各界广泛的参与支持。政府在保护非遗工作中居于主导地位,但其职能主要为建立机制、提供指导,并非直接参与保护工作,加上有的政府着眼于短暂的经济利益,而忽视非遗保护传承的长远价值,重利用,轻保护,盲目开发,导致非遗开发的过度商业化、低级趣味化和庸俗化等问题。

政府作为非遗保护传承管理的主体,应更多联合专业机构,建立长效机制,避免造成"保护性破坏"。

八 非遗保护传承的后续发展问题

非遗的传承以口授和亲身传授为主,其传承方式所具有的特殊性,使得非遗的传承难度加大；而且，基础性的保护工作以非遗的调查、抢救、收录为主，对其后续传承重视度不够，我国非遗的后续传承问题需要更多的关注。

一是传承人的培养问题值得关注。目前，我国大多数非遗的传承人年事已高，年轻一代很少自愿、自觉地参与到非遗的传承中去。众多非遗将面临后继无人的境况。为此，要多宣传、引导年轻人投入到非遗的保护与传承中。

二是创新非遗传承方式的问题值得关注。由于传承方式多以亲授为主，若无人学习，一项遗产将随着传承人的去世而消失。因此，要更多地运用科学技术对传承方式进行创新，留存资料，避免消失后无法挽回。

三是非遗传承人的保障问题值得关注。非遗传承人身怀技艺，然而在社会还未对非遗价值产生普遍认知之前，传承人的技艺无法为其生存提供保障，导致传承人放弃自身所拥有的珍贵技艺。若能形成完善的保障，传承人会更加乐意去传播非遗的价值，并主动丰富非遗的内涵。

非遗保护传承工作的后续问题，其本质是人，人是非遗传承的主体，以人为本应成为非遗保护传承工作的重中之重。

第三章　非遗保护传承与旅游开发的关系

　　进入现代社会，文化逐渐焕发出强大的力量，产业边界已经没有绝对的界限，跨界融合成为必然趋势，非遗保护传承与旅游开发也可以融合发展。文化与建筑、商贸、信息、制造、旅游等相关产业之间的跨界融合早已屡见不鲜，如北京故宫通过文创激活了包括非遗在内的文化价值，北京故宫2016年文创产品销售额近10亿元。在中国这片广阔而厚重的土地上，非遗丰富的内容、多样的种类、深厚的底蕴，为旅游开发提供了良好的资源条件。在非遗保护传承受到普遍重视的大背景下，非遗旅游开发是其保护与可持续发展的有效途径和必然选择[①]。

　　通过旅游开发营造非遗的生存环境，同时注入市场发展的动力与活力，使非遗单一的保护主体变为多元，扭转单纯依靠政府公共财政、被动保护的局面，将静态保护和动态保护相结合，为传承人提供拥有旅游收入来源的替代性职业，实现非遗保护传承主体多方共赢。而在旅游开发中，非遗以特质文化形成特色吸引力，增强了旅游项目的旅游价值；并且，游客在旅游过程中又对该地非遗产生认知和理解，达到了尊重和关注的效果。在保护的同时对非遗进行合理的开发，能够

---

① 许忠伟、林月：《非物质文化遗产与旅游开发的相关研究述评》，《北京第二外国语学院学报》2014年第9期。

促进文化资本的有效利用、精神财富的有效传承,并产生相应的经济、社会、文化等综合效益①。

第一节 非遗的旅游价值分析

对非遗的旅游价值评价是对其合理开发的基础工作,也是促进保护、传承和旅游开发良性循环的关键。非遗是一个民族或群体现存的特有的文化记忆,是该民族或群体原生态的文化基因,是历史文化传统和变迁的反映,构成了特殊的旅游价值②。这种价值体现在,非遗是特定人群在特定时间和空间内生产生活的产物,并经过积累、沉淀和传承,具有独一无二的魅力和特色,能对不同层次和偏好的旅游者产生吸引。

值得注意的是,一定时空范围内的非遗旅游价值会受到不同利益主体主观判断的影响,因而呈现出旅游价值的相对性③。但优秀的非遗总能越过时间的长河,以其特有的魅力感染大众群体,最终在旅游开发中展现其深厚的价值。非遗的旅游价值主要体现在四个方面,即文化吸引和旅游休闲价值、社会科普和研学旅行价值、产业带动和旅游经济价值、民族认同和旅游营销价值。

一 文化吸引和旅游休闲价值

非遗反映了一个民族或一类群体的原生状态,展现了他们独具特

---

① 冯永泰:《民族地区非物质文化遗产的原真性保护与旅游开发》,《黑龙江民族丛刊》2011年第6期。
② 肖刚、肖海、石惠春:《非物质文化遗产的旅游价值与开发》,《江西财经大学学报》2008年第2期。
③ 梁圣蓉、阚耀平:《非物质文化遗产的旅游价值评估模型》,《南通大学学报》2011年第3期。

色的历史文化发展,具有强大的文化吸引力。以我国各地的民间传统歌舞为例,新疆的热情奔放,西藏的高远空灵,江南的婉转典雅。通过旅游深层次开发,挖掘非遗资源的文化内涵,可再现其文化价值和文化功能①。非遗是吸引游客体验异质文化、提升旅游文化体验深度、彰显旅游产品的内涵和品质的重要载体。旅游者也可以相应地体验到旅游产品的特色化和个性化,享受非遗文化带来的乐趣,达到修身养性的旅游休闲目的。

第一,歌舞戏剧类非遗成为旅游者领略区域民族风情和习俗的主要内容。传统戏剧、音乐、舞蹈等艺术表演类的非遗项目,蕴涵了大量的文化艺术创作原型和素材,为游客乐享高品质的文化盛宴提供丰富的、原汁原味的文化素材和源泉。比如,意大利西西里木偶剧以中世纪的骑士文学、文艺复兴时期的意大利诗歌为原型,主要表现宏伟的史诗、英雄的传奇故事等,但大多数时候,木偶艺人在演出中的对白都是即兴发挥,让游客充分感受到西西里木偶剧的乐趣和意大利人民的审美特征,具有较强的旅游吸引力。

第二,非遗中的民俗节日,历来都是游客最喜欢的旅游项目,极具旅游感染力和参与性。例如泼水节是傣族最隆重的节日。节日期间,傣族男女老少盛装出行,挑着清水到佛寺浴佛,而后开始互相泼水,互祝吉祥、幸福和健康。饱含祝福的水花四处飞溅,蔚为壮观。形式特殊、充满互动和乐趣的泼水方式,使得非遗的民俗节日旅游魅力展露无遗。

第三,物质文化遗产与非物质文化遗产的联动,也是国际遗产旅游发展的重要趋势。湖北宜昌三峡人家景区在土家吊脚楼上举行民俗婚嫁表演与游客互动体验,两种元素的融合大大增强了旅游项目吸引

---

① 王健民:《挖掘非物质文化遗产的旅游价值(上)》,《中国旅游报》2006年第13期。

力。另外一些知名的非遗也早已在旅游实践中被运用，并成为经典旅路和旅游活动。比如安徽安庆在推出的"千人自驾游安庆"路线中做足黄梅戏文章，让游客感受到了文化旅游的魅力。通过举办一些与民族文化贴近的旅游活动，让游客浸润在非遗的熏陶当中，游兴盎然的同时对当地传统文化的认知和理解更为透彻。物质与非物质融合、动态与静态结合、历史与现代结合，大大提高了区域旅游的文化含金量和感知度。

第四，非遗形式多样，内容丰富，包括表演艺术、口头文学、生活习俗、服饰礼仪、传统工艺等。它们或为纯粹的艺术，或包含着艺术和美的成分，是历史上不同时代、不同民族的人民劳动和智慧的结晶，是该民族或群体生活风貌、艺术创造力和审美情趣的展示。非遗历经岁月和时代变迁流传至今，充分说明其审美情趣和艺术创造力得到了不同时代人们的认可。例如游人去湖南凤凰古城，换上当地民俗服装摄影总是受到追捧和欢迎。河南荥阳油纸伞工艺精湛，花型美观，色彩鲜艳，桐油光亮，技艺古老而传统，这些为非遗旅游商品开发奠定了良好的物质形态基础。

二 社会科普和研学旅行价值

非遗是历史的产物，千百年传承而又历久弥新，原真地保留和反映了不同时期生产力发展状况、人类创造能力和认知水平以及科技发展程度。例如在世界陶瓷业中，引领潮流的景德镇千年窑火不断；而近年来，景德镇转变发展方向，兴于瓷而不囿于瓷，大力推广陶瓷科普文化旅游活动，将景德镇打造成为陶瓷科教、研学的重要场所，非遗的科普价值在"瓷都"景德镇的旅游发展和深度开发中发挥着重要作用。

首先,许多非遗本身具备极大的科普、研学价值,如中国的传统医药、冷兵器锻铸技艺等,为民俗学家、历史学家、考古学家、剧作家等提供了考察研究的样板,也是后人获取社会科学信息的源泉。非遗自身是较多科学内容的承载者,同时也是极其丰富的史料和极有学术价值的资料的提供者,是以历史学、人类学、民俗学、语言学、社会学等为代表的诸多学科开展研究的对象。与此同时,非遗所处的环境相对封闭,因不受或少受都市文化的影响,使得如民风民俗、方言习语、宗教信仰、节庆庙会等得以比较完整地保留下来,为地方史、专门史、社会史、经济史、文化史等各类史学研究提供了完整详细的资料,为认识和研究人类社会发展变迁的历史轨迹提供重要参考。同时,非遗也是一个重要的旅游吸引源,可以让游客在旅游过程中动态地了解历史、认识历史,获得文化体验、科普教育的经历[①]。

其次,非遗是重要的知识来源,具备极高的教育价值。具体而言,非遗中的历史和科学知识、古法技艺、艺术精品资源等,就是社会教育中的重要知识来源之一;非遗中所包含的伦理道德、行为规范,能够陶冶情操、提升素质、培养能力,教育价值极高,更是培养社会主义核心价值观和树立良好社会风气的重要题材。

《国务院关于促进旅游业改革发展的若干意见》(国发〔2014〕31号)指出,要将研学旅行作为拓展旅游发展空间的重要举措。文件第一次提出要针对不同学习阶段乡情教育内涵,建立相应的研学旅行体系,并明确界定和深刻诠释这种特殊旅行[②]。总体上讲,非遗是一部生动的百科全书和自然更替的活态博物馆,它包含的丰富的历史、科学、艺术等资源,为研学旅行和乡情教育提供了重要载体和知识来

---

① 王鹤云:《非物质文化遗产的多元价值分析》,《中国文化报》2008年7月16日第003版。
② 张苗荧:《研学旅行:有望成为旅游创新发展的增长点》,《中国旅游报》2014年12月1日第002版。

源。人们在旅游过程中身临其境地感知非遗的文化熏陶,充满了教育意义。

三 产业带动和旅游经济价值

非遗蕴涵着极大的经济价值,主要表现在文化的原生态上,具有民族和地域独有的吸引力。通过深入挖掘旅游地原生态文化的内涵和意义,重新设计包装旅游商品,能够提高旅游地的知名度,产生巨大的经济效益。因稀缺性和不可再生性,非遗具有经济价值的增值性,也是最能体现文化差异性的资源,并具备纳入文化产业并转变为产业资本的潜质。

对传统工艺品进行重新设计包装,形成旅游商品和日常消费品,能有效拉动当地产业发展,产生巨大的社会效益。如四川青神竹编文化,已传承千年,并发展成为强大的绿色竹编产业,开发了3000种集艺术性、观赏性和实用性于一体的平面竹编、立体竹编、竹编套绘三大产品体系,打造了集平面、立体、瓷胎、混合等竹编为一体的业态。青神竹编传承人之一张德明,经过整整三年的反复打样,成功将细如发的竹丝套在温润微光的白瓷上。之后,张德明创建了自己的竹编品牌"竹福"。

非遗特有的文化符号成为文化产业发展的重要资源,为文化产品符号价值创造提供原材料。比如,将非遗元素融入旅游标志系统设计等。非遗的旅游产业化运作因其市场化、规模化、系统化,成为某些地区重要的特色产业。如迄今为止已有四百多年历史的恩施土家女儿会,已成为土家族聚居地融节庆、文化、旅游于一体的民族旅游盛会,各地游客能够通过女儿会感受土家族民俗婚礼、男女山歌对答以及土家传统仪式和舞蹈等巴土遗风。

非遗作为一种文化产业资源，其运作需要一个经作品创作、制作、生产到市场营销等的完整而成熟的产业链。因此，需要对"非遗"项目各环节的资源要素进行集聚和整合，搭建产业化经营与发展的平台。通过产业聚集化发展，实现非遗项目规模经济，避免分散、零散、封闭式布局以及不合理的资源配置造成的有规模不经济的困局①。

四 民族认同和旅游营销价值

非遗是一个民族或一类群体的精神家园，蕴涵着所属民族或群体的文化特性、精神特质，沉淀着生存智慧、生活态度、发展经验和社会行为，并据此形成特有的文化载体和群体意识，通过传承，其价值在多元化的世界中得以展示和存续，成为该民族或群体最显著、最基本的识别标志。

民族个性和审美，在传承和凝聚民族精神方面起着重要作用，是民族存在发展的动力和依托，是民族文化复兴、社会可持续发展的源泉和人们共有的"精神家园"。在资本化、信息化、全球化盛行的时代，各种文化之间相互影响与激荡。从某种意义上而言，非遗承担着重要的民族认同和国家文化政治功能，担负着维系民族生存和国家安全的重要作用。

此外，在地区形象营销过程中，长城、兵马俑等物质文化遗产已经得到了足够的关注和利用，但丰富的非遗的营销尚未受到充分重视。非遗作为旅游目的地重要的吸引物，理应在目的地营销中占据一席之地。毫无疑问，较之于传统的物质文化遗产，以京剧、昆曲、武术、

---

① 《保护非物质文化遗产应走产业化道路》，http://www.ce.cn/culture/gd/201210/08/t20121008_23735147.shtml.

杂技、中医、民歌、刺绣、剪纸等为代表的非物质文化遗产能更好地展现中国文化。因此，逐步增强利用非遗开展营销的力度，势必能够增强中国作为文化旅游目的地的底蕴。如在加拿大温哥华，国家旅游局制作投放的以长城和京剧人物为背景的大型户外广告，极大地宣传了中国旅游形象，收到了良好效果[①]。

第二节　旅游开发促进非遗保护传承的可行性分析

非遗的活态属性之一，表现为随着社会生活的变化，它会进行新的创造、传承和重构。它不像历史文物那样是具体而凝固的物质，更不会拘泥于某个历史时空节点。可见，非遗不能静态、被动地封存式保护，而应该动态保护、活态传承[②]。从非遗的内在特征和属性来看，它既是宝贵的精神财富，又是珍贵的文化资本，其产业化发展是亟须正视的现实问题。当前，我国越来越注重非遗保护传承与旅游开发的有机融合，"保护谁、谁传播、为了谁"的人本意识逐步强化，通过活态分级保护、活态演绎传承、活态旅游开发，探索从重视"物"转到重视"人"的"人本范式"，推动非遗的保护传承[③]。

传承是保护非遗最有效的方式，而保护性旅游开发则是积极主动的传承手段。事实上非遗因其久远的历史沉淀，在作为旅游资源时显示出独特的魅力，如它与旅游市场需求和现代技术结合，将会发挥强大的文化能量，在社会上发展成"以文养文，以文兴文"的良性循环。旅游开发能够为非遗提供现代发展环境和生存空间，有效实现非

---

① 李永乐：《非物质文化遗产与中国目的地营销》，《旅游学刊》2009年第4期。
② 张舸、魏琼：《"静态"保护向"活态"传承的转身——非物质文化遗产保护与旅游业开发的互动研究》，《广西社会社科学》2013年第8期。
③ 阚如良、史亚萍：《非物质文化遗产旅游开发的"人本范式"》，《光明日报》2014年6月11日第16版。

遗的价值，提高大众对非遗的认识，为非遗传承培养群众基础[①]。随着以深度体验为主的文化旅游的兴起，艺术文化体验受到游客的青睐。文化旅游市场需求和产业化发展直接激发和促进了非遗的活态传承。因此，在非遗活态生存上，经济效益与文化效益兼具的旅游开发是一条适宜出路[②]。例如，陕西民俗村茯茶小镇通过让游客亲自称茶、蒸茶、压制、发酵，最终获得自己制作的茯茶，游客在探寻茯茶风韵的同时，感知茯茶镇的文化记忆。

一　增进非遗的价值认同

在非遗旅游发展过程中，包括国家、地方政府、当地居民、旅游运营商、文化传承人在内的不同层面上的利益相关者都会通过其掌握的传统文化资本来重建身份，以增强其文化自豪和文化认同。一方面，旅游开发以其独有的手段和方法对一些地方特色化的非遗进行挖掘和开发，让原来几乎被忘记和遗弃的非遗重新走入大众视野，重组后的遗产既展示了传承人的创造力和智慧，也引来了大量的外来游客游览体验，激发和增强了旅游地东道主的自信心与自豪感，逐渐促进了本地居民对传统文化的保护和传承；另一方面，现代旅游开发逐渐趋向个性化和特色化，由此传统文化独特、艺术价值高的非遗更容易被旅游开发利用。正因为如此，旅游业的兴起和发展带动经济收入的增加，同时带动传统民间工艺、戏曲传说、节庆礼仪的重新挖掘和整理，从而让传统文化和非遗的保护得到更多的关注。总的来看，非遗旅游在增进民族认同与国家统一，增强非遗主体的文化自豪和文化自觉方面

---

① 雷蓉、胡北明：《非物质文化遗产旅游开发的必要性分析——基于保护与传承的视角》，《贵州民族研究》2012 年第 2 期。
② 贾鸿雁：《论我国非物质文化遗产的保护性旅游开发》，《改革与战略》2007 年第 11 期。

发挥着重要作用，同时，对于非遗传承人及边缘群体的增权和社会关注具有引爆效应。

非遗在民间土壤中生根繁衍，传承人是不可或缺的。随着非遗旅游项目的开发，许多国家级工艺类"非遗"项目作为民族特色旅游商品进行营销和开发，部分国家级、省级传承人从而成功实现了非遗的产业化经营①。云南大理白族扎染技艺传承人张仕绅，自 1987 年担任大理市民族扎染厂厂长以来，以独到的发展理念和管理模式，把一个无名小厂办成海内外知名的企业，产品远销日本、美国等十多个国家、地区，以及国内各大城市，为当地村民创造了可观的经济效益，同时解决了本村、周边村，以及巍山县部分农村剩余劳动力的就业问题，提高了白族群众自觉传承发展扎染技艺的积极性，扎染产品也成为大理特色旅游商品受到广大游客的欢迎。总体上看，非遗旅游开发、相关特色旅游商品的开发、主题工艺展示等与市场的结合为传承人的生存与发展提供了良好的价值认同空间。可见，非遗旅游开发不仅促进了非遗的价值认可，而且促使传承人得到更广泛的社会认可和尊重，为其找到合适的生存空间，并实现个人价值和旅游需求的良好结合。

二　发挥非遗的服务功能

非遗的无形性、文化性、民间性以及历史性决定了市场、政府和公众的认知度较低，诸多非遗很难适应人们的生产生活方式，导致门店倒闭或改行，技艺老化或消失。同时，由于非遗具有稀缺性、多元

---

① 文永辉：《少数民族"非遗"传承人保护存在问题及制度完善》，《广西民族研究》2013年第9期。

性、活态性特征，若能合理地开发利用，又能成为现代文化产业和市场的重要资源①。旅游开发将非遗转变成珍贵资源，通过母题重构②、文化创新、功能转化，在保持精神内核和象征符号不变的前提下，旅游产业化运作可使非遗重新焕发生机和活力。

运用非遗丰厚的传统表演艺术资源，是发展演艺文化产业、丰富群众精神生活、有效活跃演出市场、提升地方文化影响力的重要途径。在我国，经过探索，部分非遗已经成为当地经济发展中的特色乃至支柱产业，承担了重要的现代服务功能。如成都宽窄巷子塑造了其独特的生存空间与生活状态，让非遗的现代服务功能充分发挥，传统表演内容诠释了深刻的人文内涵和记忆线索，人们在宽窄巷子可以看成都女孩手绣蜀锦，在市井街道看川剧、皮影和木偶戏，宽窄巷子的非遗引领文化产业、带动综合产业发展。

此外，非遗往往是一个区域、一个族群的传统印记，记录了他们的长期生产生活的经验和技能习俗，有利于区域文化和品牌形象的塑造。一些非遗在当地经济生活中扮演重要的角色，与载体融合便可转化为产品甚至发展成为产业，在形成一定规模时就能成为区域经济的代名词乃至区域品牌，如江西景德镇的手工制瓷技艺、安国药市、天津杨柳青年画、吴桥杂技等。杨柳青被誉为年画之乡，年画制作历史已 900 年有余。杨柳青组建了年画协会，并将年画纳入地方九年义务教育的教材，使杨柳青年画得到了全面有效的继承与发展，而且形成区域品牌；吴桥是世界杂技文化的摇篮和杂技之乡，享誉中外，被誉为"世界东方杂技旅游胜地"。非遗不仅是区域品牌的符号，发展成为特色产业，还吸引了多种产业加盟，促进地方经济，并取得了显著

---

① 范春：《近十年我国非物质文化遗产研究进展综述》，《广西社会科学》2013 年第 9 期。
② 陈建宪：《文化创新与母题重构——论非物质文化遗产在现代社会的功能整合》，《民间文化论坛》2006 年第 7 期。

的经济和社会效益。安国药市最早发源于为纪念药王而举办的药王庙会民俗。药材交易规模也因药王庙会的兴盛而不断扩大,安国成为我国北方最大的药材交易中心,被称为"药都"。"安国药市"以药材市场为依托,培育出了一大批规模以上企业,使得医药及相关产业成为安国的支柱产业,形成了一个以中药材种植、市场群建设、产业基地发展和医药文化为四大支柱的产业集群[①]。

非遗为现代精神文化需求和现代服务业提供重要的、具有良好民众基础的文化素材以及特色资源。具备双向互动特征的新传媒和新兴创意产业为非遗的市场化发展创造了良好机遇和平台[②]。可见,非遗不仅为一个地区文化产业的可持续发展奠定了坚实的基础,也为其地域文化形成特色品牌积淀了深厚的文化底蕴。非遗的开发、利用会带动服务、旅游、制造、文化演艺等行业的发展,开发和创造出富有文化内涵和人文底蕴的现代服务产品,带动区域发展格局的调整转型,打造地区文化旅游产业,发展成为新的经济增长点,极大地提升了地域文化产业和品牌地位[③]。

三 充实非遗的保护资金

随着现代化进程和城镇化加速发展,不少非遗开始面临史无前例的危机。长久以来,我国政府就是非遗保护的主导力量,这意味着,我国非遗保护与传承的结果和效果取决于政府的支持力度。自加入《保护非物质文化遗产公约》以来,全国上下积极组织开展非物质文

[①] 赵军:《关于非物质文化遗产的区域品牌化》,《理论探索》2008年第3期。
[②] 陈天培:《非物质文化遗产是重要的区域旅游资源》,《经济经纬》2006年第2期。
[③] 张舸、魏琼:《"静态"保护向"活态"传承的转身——非物质文化遗产保护与旅游业开发的互动研究》,《广西社会科学》2013年第8期。

化遗产名录申报和保护。由于政府具有宏观层面的协调、管理和控制权力，资金投入、政策法规、人才培养、管理制度等各方面都会对非遗的保护和传承产生直接影响乃至决定性作用。因此，政府参与保护及其程度、参与途径等都是影响非遗保护与传承的重要因素。但是，政府的财政支出和投入也是有限的，而且，政策层面对非遗的价值认同并不能直接转化为非遗价值的民间认同。

旅游作为一种能够连接广大异地游客的产业形式，非遗的地域性在旅游开发中显示出了极大的作用。非遗在旅游开发中得到有效利用，可发挥丰富旅游产品、促进文化传播、充实非遗保护资金、稳定传承队伍的重要作用。如湖北省宜昌市依托非遗"枝江民间手工布鞋技艺"，按照村落再造模式建成步步升布鞋文化村，形成了集布鞋文化研发、手工布鞋生产、遗产旅游开发、妇女就业培训于一体的文化旅游产业体系。手工布鞋是步步升布鞋文化村主打的旅游商品，布鞋售卖是整个文化旅游经济收入的重要来源。实践表明，掌握手工技艺的乡村妇女作为"传承人"，在参与文化旅游活动中获得了发展机会，有助于家庭和谐与社会稳定，使该项非遗得到了保护和传承，同时也丰富了到访游客的旅游生活[1]。在国家级非遗名录中，受中央财政补助的项目仅有52%，尚有约一半的国家级项目未能得到中央财政的支持。可见，依靠国家或地方政府十分有限的财政拨款，难以起到有效的保护作用。通过非遗旅游开发，将部分通过门票、旅游商品销售等获得的旅游收入用于非遗的保护，对非遗传承队伍的稳定壮大和非遗复兴具有积极作用[2]。

---

[1] 阚如良、史亚萍、Hsiang-te Kung 等：《民族文化遗产旅游地妇女社会角色变迁研究——以三峡步步升文化村为例》，《旅游学刊》2014 年第 4 期。

[2] 陈炜、唐景薇：《旅游开发对少数民族非物质文化遗产保护的影响研究》，《前沿》2010 年第 1 期。

珍贵的非遗，不能只是静态的保护与保存，只有活生生的代际传承，才能留下优秀的文明传承和民族记忆[①]。如中国国家博物馆专门安排一些地方特色民间艺术优秀的传承人，为观众现场表演制瓷、染织、刺绣、泥塑、剪纸、年画刻印、唐卡绘制、风筝扎制、提线木偶等项目。北京东城区非遗博物馆展出包括象牙雕刻、花丝镶嵌技艺等展品，还设有木工体验馆，游客可预约体验拆装榫卯结构构件，制作传统木具。由此遵循可持续发展的原则，对具有时代特征的代表性文化载体或符号进行"遗产化"和"活态化"的保护和开发是旅游产业化发展的必然趋势[②]。非遗旅游的发展促进了旅游投资开发的热情，同时也为旅游者提供饱览精彩的技艺展示、收藏蕴涵中华文化深厚底蕴的非遗产品的平台和机会，同时更能让许多濒危的非遗获得重视和市场认可，从而焕发更大的活力。

第三节 非遗保护传承与旅游开发的互动效应

一 非遗保护传承对旅游开发的促进

一方面，作为一种特殊的旅游吸引物，非遗为旅游发展提供独特的资源基础。由于非遗包含着特定的传统记忆、深厚的历史文化、活态的文化遗存，是原生态、传统的、民间的社会生活艺术，能够反映一定时间和空间范围内特定人群的生活生产。因此，通过非遗可以展现出它所承载的社会文化形态，反映出特定的生活方式、生产技艺、社交礼仪、传统习俗等，在体现不同时代、不同地域和不同民族社会

[①] 雷蓉、胡北明：《非物质文化遗产旅游开发的必要性分析——基于保护与传承的视角》，《贵州民族学院学报》2012年第2期。

[②] 阚如良：《论旅游开发与非物质文化遗产传承》，《旅游论坛》2008年第3期。

风貌的同时，展示出民间文化的艺术创造力，兼具历史、科学、文化、艺术、教育等价值，能够对来自不同地域、具有不同文化层次和消费偏好的游客构成独特的吸引力，可以充当一种独特的文化旅游资源。由于我国地域辽阔，非遗绚烂多彩，庞大的遗产数量和多样的遗产类型为旅游开发提供了大量的资源基础，极大地增强了文化旅游活动的吸引力。

另一方面，非遗内涵丰富，具有独特的文化魅力，能够激活特定的旅游市场，带动相关产业联合发展，促进旅游开发效益的实现。随着旅游泛化和大众旅游时代的来临，人们越来越追求个性化旅游和体验。非遗大多是经过世代传承和长时间沉淀积累而来，具有鲜明的特色性和文化性。尤其是我国少数民族众多，各地各民族风情各异，传统习俗多样，区域性、民族性的非遗包含别具一格的人文风情和文化魅力，对异地游客能产生更为强烈的吸引力。此外，由于非遗具备丰富的内涵，包含体育、运动、医药、表演、文学等多种类型，通过旅游开发可以将不同类型的遗产资源进行融合发展，激发出新的魅力，满足更多市场消费。因此，非遗可以丰富旅游体验内容，提升游览的文化内涵，满足游客求新求异的出游动机，激发不同的市场消费。

二　旅游开发对非遗保护传承的促进

旅游开发是非遗保护传承的有效方式。非物质文化遗产不同于物质文化遗产的一大特点在于它的活态性，由于现代化进程的加快和社会的不断进步，许多非遗难以融入现代市场经济，缺乏发展动力和市场，开始走向衰落，濒临灭绝。然而，随着大众旅游的不断发展，以深度体验为主的文化旅游兴起，越来越多的游客开始返璞归真，以不同的文化体验为旅游动机，由此促进了非遗的旅游开发及其活态传承。

例如深圳锦绣中华民俗村通过展示、演绎等方法集结了五六十种非遗，并通过现代技术手段进一步丰富了其表现形式，实现了经济和文化艺术价值，让诸多原本濒危的非遗重新获得重视和市场认可。

旅游开发可增强遗产地的保护意识。旅游开发的目的是吸引更多的到访游客，带动当地旅游发展，促进经济社会发展。在此过程中，旅游不仅可以通过其独有的手段和方法对一些地方特色化的传统进行挖掘和开发，使原本几乎被遗弃的非遗重新走入大众视野，在展示传承人创造力和智慧的同时也吸引大量的外来游客前来参观，激发和增强旅游地东道主的自豪感和自信心，由此在无形中促进本地居民对传统文化的保护。

此外，现代旅游开发越来越倾向于特色化和个性化，因此越具有独特传统和艺术价值的非遗越容易得到开发利用，正因如此，旅游业的兴旺发展带动经济收入增加的同时，带动传统民间工艺、戏曲传说、节庆礼仪的重新挖掘和整理，从而让更多的大众更加重视传统文化和非遗的保护。

第四节　非遗保护传承与旅游开发的胁迫效应

一　非遗保护传承对旅游开发的胁迫效应

其一是旅游市场细分及定位受非遗影响。旅游受吸引物的驱动，吸引物是需求的发生器，它给旅游者提供访问某一目的地的理由，通常还构成旅行的核心主题。尽管非遗具有很强的文化性和一定的地域特色，包含了某一地方的特征，这些特征体现了该地的文化、历史和环境，对某些特定的文化旅游者带有强烈的吸引力，但普通民众对非遗并不了解，即使有了解也不足以引发他们休闲娱乐的兴趣，因此非遗旅游还只是一个小众旅游，不占主导地位，吸引力有限，并不能带动大众旅游市场。故从这个角度来看，非遗的独特性反而约束了大众旅游市场的进入，对旅游开发的市场进入产生一定影响。

其二是旅游开发方式受非遗约束。与一般旅游资源相比，非遗更具独特性和稀缺性，拥有众多独特价值，同时也面临着艰难的生存和继承境况。正因如此，世界各国通过各种方式和手段不遗余力地对其进行保护。换言之，对非遗进行旅游开发时必须将其保护和继承放在首位，这就决定了非遗的开发不能照搬其他类型的旅游开发，而应理解非遗的实质内涵，遵从保护传承的特定规律和方式，在此基础上进行旅游产品开发和创新。非遗的开发方式要因地、因时、因"物"而异。

二 旅游开发对非遗保护传承的胁迫效应

一是旅游开发可能破坏文化原生环境。对于非遗而言，传承保护比较好的往往是那些人迹罕至、地处偏远的区域，那些地方因为经济欠发达，交通不便，很少有外来游客和文化入侵，因而保持着原汁原味的传统文化。然而一旦进行旅游开发，相关配套设施逐渐完善，外来旅游活动也逐渐打破原有文化传统。并且大多的旅游开发者以经济利益为导向，一切只为盲目迎合外来游客需求，使当地居民被动或主动地开始接受这种改变，对外来文化做出让步，并且随着时间的推移，本地文化传统逐渐被异化，原本独特的传统也逐渐消失，致使非遗的生存环境发生变异和破坏，丧失了原真性。

二是旅游开发还可能冲击遗产的独特性。我国现阶段的旅游活动主要还是处于大众旅游活动时期，旅游项目和产品大多基于普通的大众群体，因此只有具有一定的娱乐性、商品性才能够在短时期内创造出更多的直接经济效益和相关的带动效益，这就使得非遗在发展过程中极易被过度舞台化、商业化，甚至庸俗化，我国某些民俗文化旅游村中过度商业化的现象比较常见和突出。传统的民间习俗、仪式和庆典活动具有时间和地点的特定性、内容和举行方式的规定性，但是在民俗旅游地，这些传统民俗往往根据所谓的旅游需求随时随地或依据固定周期进行定时表演，活动的形式和内容也具有相当的"灵活性"，更为严重的是，有些"表演"都存在不同程度的雷同，导致同质化现象严重，冲击了非遗的独特性和多样性，在很大程度上偏离了文化原有的意义和价值，这对非遗的保护传承极其有害。

第五节 非遗保护传承与旅游开发的 PPB 三圈耦合机制

非遗保护传承和旅游开发之间存在着互相影响的关系，而且旅游开发和非遗保护传承均是复杂的系统性工程，二者之间存在着相互作用、相互影响的矛盾统一辩证关系。如果能够将二者有机结合，扬长避短，不仅可以促进文化旅游的多元化、特色化发展，更能实现对非遗的有效保护和活态传承，因此有必要对其耦合机理进行分析。

首先，对非遗而言，保护与传承是第一要务。将非遗作为特殊的文化旅游资源进行开发也应将保护与传承置于核心位置。非遗由于具有特殊的"非物质"属性，没有直接的、静态的物化形式，因此在旅游开发中更要注重"活态"保护。非遗保护具有丰富的内涵，保护的对象不仅仅是非遗的本体，还要给予对非遗传承起决定性作用的传承人关怀、帮助和鼓励。此外，还应注重对承载非遗的文化空间和原生环境进行保护。因此活态分级保护是对非遗进行旅游开发的前提，此处的分级则指核心层对"传承人"的保护；中间层对文化空间的保护；外围层对文化生态环境的保护。

其次，对旅游开发而言，非遗只是一种特殊的旅游资源，是对旅游者产生旅游吸引力的主体。因此，旅游开发的直接目的往往是迎合市场上旅游者的文化旅游需求，因此必须考虑旅游开发过程中的一系列旅游开发和发展因素，如市场认可度、潜在客源、资源禀赋以及开发条件、开发效益等。因此，并非所有的非遗都可以进行相应的旅游开发，只有当某类或某种非遗具备市场、资源、开发条件和效益等综合因素时，才具备有效开发的可能，以此促进非遗的可持续发展，实现旅游开发与非遗保护的双赢。

最后，非遗保护、旅游活动以及旅游开发的主体都离不开"人"，他们在不同的系统中扮演着不同的角色，政府、企业、本地居民以及外来游客共同构成了非遗旅游开发的利益相关者。就我国实际情况而言，一方面现阶段还是处在以政府为主导的非遗保护阶段，政府从资金和立法等多个方面对非遗保护给予支持，但民众还未表现出与之对应的保护热情，传承人生存处境尴尬，非遗传承面临困难；另一方面在旅游（尤其是文化旅游）开发过程中，政府和企业往往以市场为唯一准则，重视外来游客体验，忽视本地居民的精神诉求和根本利益，导致非遗的泛开发。因此，在非遗旅游开发中，必须协调好各方利益，注重培养非遗保护意识，共同促进文化旅游的良性发展和非遗的有效保护传承。

由以上分析可知，非遗保护传承与旅游开发之间的相互耦合机制，二者相互作用的终极目标是促进非遗的有效保护，由此形成了以传承人、非遗本体、文化空间和文化生境为主要内容的核心保护圈（P）；通过合理处理非遗与旅游开发关系，在保护的基础上，可以发掘资源价值、创造开发条件、挖掘市场潜力、提升开发效益为主要内容来构成非遗旅游开发的中间发展圈（P）；通过协调各利益相关者，联合各方力量共同促进非遗及旅游开发的健康有序发展，形成以政府、企业、本地居民及外来游客共同构成的外围整体效益圈（B）。因此，由非遗的保护圈，旅游开发的发展圈以及保护主体组成的效益圈之间紧密联系、相互影响，形成一个复合有机体，共同构建了非遗保护传承与旅游开发的 PPB 三圈耦合机制（参见图 3-1）。

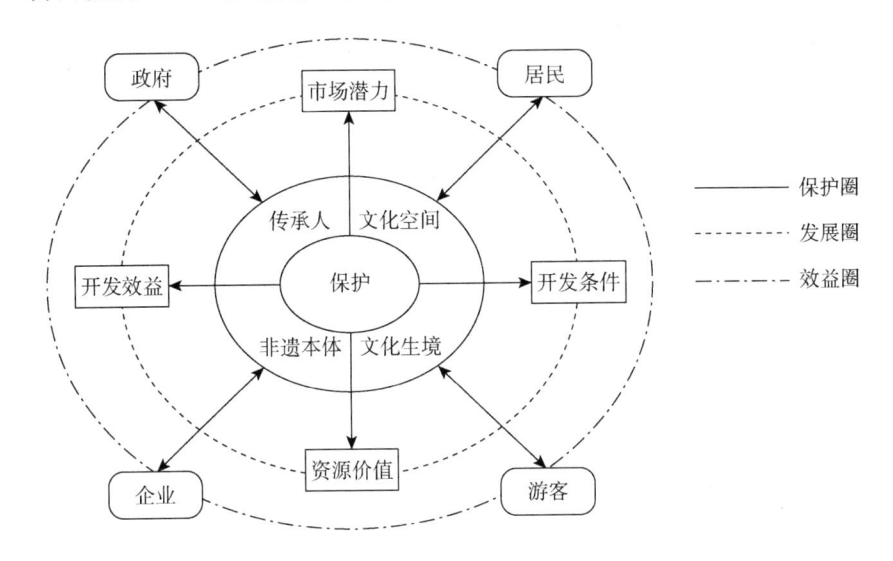

图 3-1 非遗保护传承与旅游开发的 PPB 三圈耦合

第四章　非遗旅游开发的适宜性评价

近年来，旅游资源的泛化成为一种趋势，尤其是全域旅游理念的兴起，使得传统景区景点及旅游产品开发模式不断拓展，资源利用与产业融合不断深入，原来不能或不便用于旅游开发的资源逐步进入旅游开发实践。尽管如此，并不是所有的资源都可以通过这种泛化加以利用开发，尤其是非遗这类特殊的遗产资源，尽管与旅游开发存在互动关系，但仍需以保护传承为前提。故在进行非遗旅游开发前，不仅要在旅游者的旅游活动需求指引下，发掘、改善和提高该类旅游资源的吸引力，更重要的是需对其开发的适宜程度进行评价，把握好利用开发的度。

随着全球化发展和现代化进程的加快，现代传媒与娱乐方式等正在加速影响传统的民间文化生态，传统的非遗载体已不再适应当今社会高效的信息传播环境，非遗的文化空间及传习受到严重威胁。同时，快速崛起的旅游业越来越频繁地参与到非遗保护传承中，非遗保护传承与旅游开发的矛盾日益显现出来，其境况令人担忧。例如贵州侗族萨玛节是一个古老而神圣的节日，被列入我国第一批非物质文化遗产名录，但为适应旅游业的发展，当地居民曾一度被迫在一年之内过四个萨玛节，失去了该传统节日原有的神圣与内涵。因此，对非遗旅游开发的适宜性进行科学评价，把握好可利用开发的程度，对哪些非遗适宜开发、哪些不适宜开发进行有效鉴别，已成为当前不可避免的理论和现实话题。

第一节 非遗旅游开发的适宜性影响因素

非遗既是一种稀缺且脆弱的文化遗产，需要保护和传承；又被认为是一类特殊且重要的旅游资源，有待利用和开发。因此非遗旅游开发涉及非遗保护传承和旅游开发双重重任，其适宜性评价也需兼顾这两方面的影响因素。

一 保护传承的影响因素

非遗的保护传承不能局限在单一个体上，还应包括整体遗产的保护与传承，是一个系统性工程，涵盖遗产类别及数量分布普查、名录申报、资料整理汇编、保护性运用及传承等。因此所涉及的影响因素也是多方面的，主要有政府支持力度、大众的保护意识、传承人的培育、传承路径和方法等。

政府支持力度。从世界范围来看，各类国际组织和各国政府在非遗保护传承中扮演着非常重要的角色。我国政府也一直发挥着保护非遗的主导作用。由于政府具有宏观层面的协调、管理和控制权力，能够在资金投入、政策法规、人才培养、管理制度等方面直接影响非遗的保护和传承，对其起到决定性作用。因此政府的宏观引导和支持力度成为影响非遗保护传承的重要因素之一。

大众的保护意识。绝大多数非遗出自民间，因此其保护和传承也应回归民间，而不能单纯依靠政府力量。由于时代的进步，人们的思想意识有了很大的变化和进步，与此同时，一些植根于国家和民族的优良传统和文化精髓随之被摒弃。"不知道、没听说、没兴趣"成为普通大众对非遗认知的一种常态。只有通过正确的教育引导，转变大众思想，提升文化自豪感，增强保护意识，才能实现非遗有效传承。故大众的保护意识强弱也成为非遗保护传承的影响因素之一。

传承人的培育。传承人是非遗传承的核心，而今一些非遗逐渐消亡的直接原因就是"后继无人"。由于各方面原因，祖辈流传下来的非遗很难被现代经济社会认可，现代非遗传承人也很难像传统艺人那样单纯依靠手工技艺生存，社会地位、生活水平急剧下降，愿意全身心投入非遗保护传承的人越来越少，诸多优秀民间传统工艺正是因为缺少合适的接班人而陷入濒临灭绝的局面。非遗传承人一方面因为优秀传统后继无人而痛心，另一方面又不得不放弃"传承"的机会，导致非遗和传承人都陷入了尴尬的境地。因此，传承人的培育和管理对非遗保护传承起到了至关重要的作用。

传承路径和方法。由于现代化进程的不断加快，传统的非遗开始失去其原有的生态环境，原始的传承路径和方法已不再适应现代社会发展。以往简单的、纯粹的保护传承方式开始转向借助科技创新、产业融合等走上多元化路径。旅游因为具有多方面的综合带动效益和多元化的融合优势，也逐步成为非遗保护性开发的一种手段。然而在实际开发过程中，急功近利，过度商业化时常发生，导致某些非遗生存境地更为艰难，因此采用何种开发方式对非遗加以保护利用也是不可忽略的影响因素。

二　旅游开发的影响因素

非遗作为一种重要的人文旅游资源，在开发时，也需考虑旅游开发这种商业行为的相关影响因素。由于旅游开发本质上是一种市场行为，开发潜力、开发条件、开发效益等都是值得关注的因素。

开发潜力。对非遗而言，遗产的丰富性、特色化、地域性等都会影响这种旅游资源的观赏价值和游憩价值，进而决定着对客源市场的吸引力。因此在旅游开发前，对所开发的旅游资源进行统计调查和评价，通过对旅游目标市场的调研分析，了解细分市场的消费特征和潜力，然后进行针对性的资源整合和开发，最后形成对目标客源具有吸引力的旅游产品。因此，开发潜力是非遗旅游开发必须考虑的重要因素。

开发条件。开发条件包含非遗资源进行旅游开发活动时所具备的各种内外部条件。对于独具特色的非遗而言，当其具备较高的旅游吸引力和开发潜力时也不一定能进行相应开发。这是因为在潜力转变为现实的过程中，还将受到一系列相关因素的制约，包括旅游地的经济发展水平、相关基础配套、可进入性、文化背景、适游期及政府、企业、居民等利益相关者的协调性等，直接影响旅游开发活动的开展。因此开发条件也就成为重要的影响因素。

开发效益。开发效益是评价非遗旅游开发活动的重要指标。针对非遗的旅游开发，不仅要注重传统的经济效益、社会效益和生态效益，更为重要的是要考虑对非遗保护传承所起到的效果，因此这种综合性的旅游开发效益也是非遗进行旅游开发需要考虑的，也是一种影响因素。

第二节 评价方法的选择

综合运用德尔菲法、层次分析法等分析法构建适宜性评价体系。

一 德尔菲法

德尔菲法为一种定性定量相结合的方法，通过邀请权威专家针对某一问题进行多轮匿名打分评价，不断咨询评价和调整反馈，最终形成大家都比较认可的结果。本书首先根据前人相关研究成果和上文中非遗与旅游开发耦合关系及影响因素分析，初步选取适宜性评价指标，然后通过咨询相关领域专家对初始指标进行评价，通过多轮意见反馈和汇总，不断筛选和改进，最终确定适宜性评价指标体系。

二 层次分析法

层次分析法是美国运筹学家萨蒂教授在20世纪70年代初提出来的，该方法的便捷性在于它融合了定性和定量相结合的多维决策，可以通过多层决策指标将定性的问题定量化。本书基于专家打分，结合层次分析法和熵权法等确定各层评价指标相对权重，形成一个综合评价体系，将定性的评价转为定量的计算，使评价指标体系更加客观与科学。

第三节 评价指标的选取

一 选取原则

综合性原则。非遗旅游开发涉及因素众多，不仅包括保护传承的主体、客体、方法和手段等，还包括旅游开发所涉及的诸多因素，因此要全面、综合地考虑各方因素，在突出重要的主导性因素的同时，也要对影响较小的指标进行简化或合并处理，体现指标体系的完整性。

可操作性原则。评价体系要考虑实际的可操作性。由于我国非遗类型丰富，数量众多，个体之间存在一定的差异，因此，为便于形成一般性结论，在实际指标的选取上应尽可能地选择那些具有普适性和最具代表性的指标，从而确保指标体系的可靠性。

非相关性原则。对一个评价体系而言，并不是选取的指标越多就越严谨、越科学。相反，指标过多，不仅会加大评估的难度，还会加大指标之间重叠的可能性，因此在综合评价的过程中应尽量避免指标之间的重叠，保证独立性。

二　选取思路

本书非遗旅游开发适宜性评价指标体系的构建既遵循了上述原则，又在对旅游资源价值、旅游竞争力评价等研究成果梳理的基础上，借鉴相关学者研究思路，从而初步提取部分评价指标；同时，结合非遗保护传承与旅游开发的互动关系及相关影响因素分析，提炼设计出初步的评价指标，由此形成最初的（即理想）指标体系。然后利用德尔菲法向多位学者专家反复征求意见，对指标进行不断调整，形成最终的评价指标体系。

三　指标选取

指标的预选。参照相关研究成果，对上述影响因素综合分析，并结合《旅游资源分类、调查与评价》（GB/T18972—2003）等相关标准，初步设计出有关非遗旅游开发的适宜性评价指标体系，形成30个原始待选的评价因子指标，具体见表4-1。

表 4-1　　　　　　　　适宜性评价待选因子列表

编号	项目	编号	项目
1	观赏游憩价值	16	企业保护开发认同度
2	文化艺术价值	17	社区参与范围的广度
3	科学教育价值	18	遗产在民间社团的普及程度
4	遗产知名度	19	研究整理情况
5	遗产适游期	20	开发利用程度
6	遗产物化多样性	21	文化和谐水平
7	客源市场潜力	22	文化传播影响力
8	经济条件	23	传承人培养管理
9	旅游可进入性	24	文化自觉
10	基础配套设施	25	非遗载体形式
11	与其他资源组合难易程度	26	收入促进效益
12	文化原真程度	27	就业促进效益
13	附属物保护程度	28	文化认同促进效益
14	政府保护资金投入	29	产业带动效益
15	政府保护开发合理性	30	优化遗产生存环境

指标的筛选。根据相关专家和学者的合理建议，对表 4-1 中的指标进行了优化和筛选，例如将指标 2、3 合并为科学文化艺术价值；指标 14、15、28 合并为政府保护支持程度；指标 17、18 合并为民间保护意识；将指标 7 优化为客源市场认可度，等等，最终形成 25 个具体的评价指标。

指标的确定。鉴于非遗旅游开发适宜性评价指标体系构建的复杂性，利用层次分析法（AHP），形成如下层次体系：

目标层：以"非遗旅游开发的适宜性评价 U"为目标层；

准则层：以开发潜力（U_1）、开发条件（U_2）、保护性（U_3）、传承性（U_4）、预期开发效益（U_5）五个维度作为准则层；

因子层：25 个因子指标为因子层，针对因子层中各因素进行分析。

故经过对表 4-1 的修改整理，并优化因子层的命名，形成了非遗旅游开发的适宜性评价指标体系（见表 4-2）。

表 4-2　非遗旅游开发适宜性评价的指标体系

目标层	准则层	因子层
非物质文化遗产旅游开发的适宜性评价 U	开发潜力 U_1	观赏游憩价值 U_{11}
		科学文化艺术价值 U_{12}
		遗产知名度 U_{13}
		遗产物化多样性 U_{14}
		客源市场认可度 U_{15}
	开发条件 U_2	经济条件 U_{21}
		区位条件 U_{22}
		基础配套 U_{23}
		资源组合难易程度 U_{24}
		非遗旅游适游期 U_{25}
	保护性 U_3	文化原真程度 U_{31}
		附属物保护程度 U_{32}
		政府保护支持程度 U_{33}
		企业保护开发认同度 U_{34}
		民间保护意识 U_{35}
	传承性 U_4	研究关注程度 U_{41}
		开发利用程度 U_{42}
		文化和谐水平 U_{43}
		文化传播影响力 U_{44}
		传承人培养管理 U_{45}
	预期开发效益 U_5	收入促进效益 U_{51}
		就业促进效益 U_{52}
		文化认同促进效益 U_{53}
		产业带动效益 U_{54}
		生态优化效益 U_{55}

第四节 非遗旅游开发适宜性的 PCPIB 评价模型

一 评价模型构建

首先,确定评判因素。对于非遗旅游开发的适宜性评价指标体系 U,按其社会作用属性,将其分为 m 个子集,满足:

$$\sum_{i=1}^{m} U_i = U \ (i=1, 2, 3, \cdots, m)$$

由此形成准则层的评判因素集合为:

$$U = \{U_1, U_2, U_3, U_4, U_5\}$$

同理,目标层评判因素集合 $U_i = \{U_{ik}\}$,

其因子层评判因素集合为:

$$U_1 = \{U_{11}, U_{12}, U_{13}, U_{14}, U_{15}\}$$
$$U_2 = \{U_{21}, U_{22}, U_{23}, U_{24}, U_{15}\}$$
$$U_3 = \{U_{31}, U_{32}, U_{33}, U_{34}, U_{15}\}$$
$$U_4 = \{U_{41}, U_{42}, U_{43}, U_{44}, U_{15}\}$$
$$U_5 = \{U_{51}, U_{52}, U_{53}, U_{54}, U_{55}\}$$

在该评价体系中,通过德尔菲法,将适宜性评价的目标拆分为 5 个子集,即由开发潜力(P)、开发条件(C)、保护性(P)、传承性(I)和预期开发效益(B)五个维度构成准则层,并进一步形成 25 个评价因子,由此构建非遗旅游开发适宜性的 PCPIB 五维度评价模型。

其次,确定评判标准。针对下级的评判因子对上级评判因子的决定性不同,为了衡量下层指标对上层指标的重要性,引用层次分析法(Analytic Hierarchy Process,简称 AHP)确定权重系数子集。依据李克特量表,根据"重要""较重要""一般""较不重要""不重要"五个等级,并按照十分制进行相应的等级区间赋分。将设计好的量表发放给文化遗产、经济管理、旅游开发等不同研究领域的专家学者进行打分,得出不同指标之间的相对重要性及其程度。

再次,构造评判矩阵。通过层次分析法,征求专家意见,将不同的影响因素自上而下分解成三个层次,并根据其相互的制约关系,构造评判矩阵。依据层次结构模型,用成对比较的方式,将同一层次两元素相对上一层因素的重要性用1—9分的赋值来比较,形成评判矩阵 $A = (a_{ij})_{n \times n}$,在该成对比较矩阵中,因素 a_{ij} 的取值规则如表4-3所示。

表4-3　　　　　　　　成对比较矩阵中因素的赋值规则

a_{ij}取值	含义
1	两个因素相比,两者具有同样重要性
3	两个因素相比,前者较后者稍微重要
5	两个因素相比,前者较后者明显重要
7	两个因素相比,前者较后者相当重要
9	两个因素相比,前者较后者极其重要
2、4、6、8	上述相邻判断的中间值
倒数	在 a_{ij} 中,因素 i 与因素 j 的重要性比为 a_{ij},则因素 j 与因素 i 重要性比为 a_{ji}

最后,求取和检验评判矩阵。在得到各评判因素的赋值矩阵后,本书运用软件求取各评判因素在该层子集的权重情况。为使评判矩阵更为切合实际、计算结果合理,要求 AHP 矩阵具有一致性,故需通过一致性检验。本模型采用一致性比例(CR)进行检验,其计算公式为一致性指标(CI)和随机一致性指标(RI)之比:

$$CI = \frac{\lambda_{max} - n}{n - 1}; \quad CR = \frac{CI}{RI}$$

上式中,n 指行列式阶数,即评判因子个数,RI 可通过表4-4求取。

表 4-4　　　　　　　　　　随机一致性指标 RI 值

阶数（n）	1	2	3	4	5	6	7	8	9	10
RI	0	0	0.58	0.90	1.12	1.24	1.32	1.41	1.45	1.49

可见，一阶矩阵、二阶矩阵一般情况下具有完全一致性，对于三阶及三阶以上的矩阵，当 $CR < 0.1$，就认为评判矩阵具有比较满意的一致性；当 $CR \geq 0.1$ 时，则要对矩阵进行适当修正，直到具有较好的一致性为止。

二　评判矩阵的构建和检验

为避免 AHP 较大随机性的缺点，在专家咨询环节，向从事文化遗产研究、旅游开发研究、经济管理研究等领域的专家学者发放并回收有效问卷 15 份，对评判矩阵中成对比较因素的赋值情况进行确定。

针对非遗旅游开发适宜性评价的总体目标（目标层 U），通过已有研究成果和征询专家意见将准则层开发潜力（U_1）、开发条件（U_2）、保护性（U_3）、传承性（U_4）、预期开发效益（U_5）两两对比评判，构造评判矩阵如表 4-5。

表 4-5　　　　　　　　　　总体目标评判矩阵

	U_1	U_2	U_3	U_4	U_5
U_1	1	1	1	1	2
U_2	1	1	1/2	1	3
U_3	1	2	1	2	2
U_4	1	1	1/2	1	3
U_5	1/2	1/3	1/2	1/3	1

将该矩阵带入 Yaahp 软件中，经计算，得出该矩阵的特征向量即准则层中各指标权重子集和最大特征根分别为：$\tilde{A}$ = [0.2159，0.2038，0.2848，0.2038，0.0918]，且 λ_{max} = 5.1497，CR = 0.0334 < 0.1，则该矩阵具有比较满意的一致性，其中 U_1、U_2、U_3、U_4、U_5 权重分别为 21.59%、20.38%、28.48%、20.38%、9.18%。

按照上述同样的方法和原理，对准则层开发潜力、开发条件、保护性、传承性、预期开发效益下的各因子层构建评判矩阵如表4-6。

表4-6　　　　　　　准则层因子评判矩阵列表

开发潜力评判矩阵						开发条件评判矩阵					
	U_{11}	U_{12}	U_{13}	U_{14}	U_{15}		U_{21}	U_{22}	U_{23}	U_{24}	U_{25}
U_{11}	1	1	1	2	1/3	U_{21}	1	1/3	1/4	1/3	1
U_{12}	1	1	1/2	1	1/3	U_{22}	3	1	4	2	3
U_{13}	1/2	1	1/3	1	1/2	U_{23}	4	1/4	1	1	1
U_{14}	1/2	1	1/3	1	1/2	U_{24}	3	1/2	2	2	2
U_{15}	3	3	2	2	1	U_{25}	1	1/3	1/2	1	1

λ_{max} = 5.1617；CR = 0.0372 < 0.1　　　　　λ_{max} = 5.2687；CR = 0.06 < 0.1

保护性评判矩阵						传承性评判矩阵					
	U_{31}	U_{32}	U_{33}	U_{34}	U_{35}		U_{41}	U_{42}	U_{43}	U_{44}	U_{45}
U_{31}	1	1	2	2	1	U_{41}	1	1	2	1/3	1/4
U_{32}	1	1	1/2	1	1/2	U_{42}	1	1	1	1/3	1/4
U_{33}	1/2	2	1	1	1/2	U_{43}	1/2	1	1	1	1/3
U_{34}	1/2	1	2	1	1/2	U_{44}	3	3	3	1	1/2
U_{35}	1	2	2	2	1	U_{45}	4	4	3	2	1

λ_{max} = 5.1571；CR = 0.0351 < 0.1　　　　　λ_{max} = 5.1140；CR = 0.0255 < 0.1

将上述矩阵依次导入 Yaahp 软件中，经计算，得出各因子层的权重向量结果如下：

$a_1 = (0.1670, 0.1265, 0.2256, 0.1102, 0.3708)$

$a_2 = (0.0836, 0.4027, 0.1490, 0.2450, 0.1196)$

$a_3 = (0.2527, 0.1451, 0.1667, 0.1451, 0.2903)$

$a_4 = (0.1157, 0.1007, 0.0928, 0.2785, 0.4123)$

$a_5 = (0.3056, 0.1528, 0.0704, 0.1657, 0.3056)$

上述各矩阵的 CR 均小于 0.1，都通过了一致性检验，该矩阵判断为"合理"，并由此得出各因子层对准则层的权重大小，即：在开发潜力中，观赏游憩价值、科学文化艺术价值、遗产知名度、遗产物化多样性以及客源市场认可度占比分别为 16.70%、12.65%、22.56、11.02%和 37.08%，其中客源市场认可度占比最大；

在开发条件中，经济条件、区位条件、基础配套、资源组合难易程度和非遗旅游适游期占比分别为 8.36%、40.27%、14.90%、24.50%和 11.96%，其中区位条件成为主导因素；

在保护性中，文化原真程度、附属物保护程度、政府保护支持程度、企业保护开发认同度和民间保护意识占比分别为 25.27%、14.51%、16.67%、14.51%和 29.03%，其中民间保护意识最为重要；

在传承性中，研究关注程度、开发利用程度、文化和谐水平、文化传播影响力及传承人培养管理占比分别为 11.57%、10.07%、9.28%、27.85%和 41.23%，其中传承人培养管理成为主导因素；

在预期开发效益中，收入促进效益、就业促进效益、文化认同促进效益、产业带动效益及生态优化效益占比分别为 30.56%、15.28%、7.04%、16.57%和 30.56%，其中收入促进效益和生态优化效益成为两个重要的考量要素。

由此，通过不同层次所得的权重矩阵进行加权计算，最终得到各因子层对评价总目标中所占的权重，结果如表 4-7 所示。

表4-7　　　　　　　非遗旅游开发适宜性指标权重　　　　单位:%

目标层	准则层	权重	因子层	权重
非遗旅游开发的适宜性评价（U）	开发潜力 U_1	21.58	观赏游憩价值 U_{11}	3.60
			科学文化艺术价值 U_{12}	2.73
			遗产知名度 U_{13}	4.87
			遗产物化多样性 U_{14}	2.38
			客源市场认可度 U_{15}	8.00
	开发条件 U_2	20.38	经济条件 U_{21}	1.70
			区位条件 U_{22}	8.21
			基础配套 U_{23}	3.04
			资源组合难易程度 U_{24}	4.99
			非遗旅游适游期 U_{25}	2.44
	保护性 U_3	28.48	文化原真程度 U_{31}	7.02
			附属物保护程度 U_{32}	4.13
			政府保护支持程度 U_{33}	4.75
			企业保护开发认同度 U_{34}	4.13
			民间保护意识 U_{35}	8.27
	传承性 U_4	20.38	研究关注程度 U_{41}	2.36
			开发利用程度 U_{42}	2.05
			文化和谐水平 U_{43}	1.89
			文化传播影响力 U_{44}	5.68
			传承人培养管理 U_{45}	8.40
	预期开发效益 U_5	9.18	收入促进效益 U_{51}	2.80
			就业促进效益 U_{52}	1.40
			文化认同促进效益 U_{53}	0.65
			产业带动效益 U_{54}	1.52
			生态优化效益 U_{55}	2.8

三　指标测度及评价

首先，确定适宜性整体评价级别。在整体评价上，根据非遗旅游开发适宜性影响因素分析,参照《旅游资源分类、调查与评价》(GB/T18972—2003)国家标准,按照百分制(满分100分)的标准对非遗单体进行旅游开发的适宜性评价。按分数由高到低依次划分为五、四、三、二、一5个等级,分别表示适宜性优、良、中、较差、差(见表4-8)。此外,当适宜性得分小于30分时,为未获等级,表示适宜性很差,不在考虑的范围内。

表4-8　　　　　　　　非遗旅游适宜性评价等级划分

分数	90—100分	75—89分	60—74分	45—59分	30—44分
级别	五	四	三	二	一
含义	适宜性优	适宜性良	适宜性中	适宜性较差	适宜性差

其次,确定各评价指标赋分值(百分制),根据各指标的权重进行计算确定,利用总分100分乘以各指标权重,按四舍五入和取整之后赋值,结果如表4-9。

表4-9　　　　　　　　　评价指标赋分列表

目标层	准则层	权重(%)	因子层	权重(%)		赋分
非遗旅游开发的适宜性评价 U(100)	开发潜力 U_1	21.58	22	观赏游憩价值 U_{11}	3.60	4
				科学文化艺术价值 U_{12}	2.73	3
				遗产知名度 U_{13}	4.87	5
				遗产物化多样性 U_{14}	2.38	2
				客源市场认可度 U_{15}	8.00	8
	开发条件 U_2	20.38	20	经济条件 U_{21}	1.70	2
				区位条件 U_{22}	8.21	8
				基础配套 U_{23}	3.04	3
				资源组合难易程度 U_{24}	4.99	5
				非遗旅游适游期 U_{25}	2.44	2

续表

目标层	准则层	权重(%)	因子层	权重(%)		赋分
非遗旅游开发的适宜性评价 U（100）	保护性 U_3	28.48	28	文化原真程度 U_{31}	7.02	7
				附属物保护程度 U_{32}	4.13	4
				政府保护支持程度 U_{33}	4.75	5
				企业保护开发认同度 U_{34}	4.13	4
				民间保护意识 U_{35}	8.27	8
	传承性 U_4	20.38	20	研究关注程度 $U41$	2.36	2
				开发利用程度 U_{42}	2.05	2
				文化和谐水平 U_{43}	1.89	2
				文化传播影响力 U_{44}	5.68	6
				传承人培养管理 U_{45}	8.40	8
	预期开发效益 U_5	9.18	10	收入促进效益 U_{51}	2.80	3
				就业促进效益 U_{52}	1.40	1
				文化认同促进效益 U_{53}	0.65	1
				产业带动效益 U_{54}	1.52	2
				生态优化效益 U_{55}	2.8	3

最后，评价标准确定。单个因子的评价依据和测度参照我国《旅游资源分类、调查与评价》（GB/T18972—2003）和《自然保护区生态评价指标和标准》（LY/T1863—2009）等相关评价标准，形成非遗旅游开发适宜性评价赋分标准，结果如表4-10。

表4-10　　　　　　　适宜性评价赋分标准

评价项目	评价因子	评价依据	赋值
开发潜力（22分）	观赏游憩价值（4分）	具有极高的观赏、游憩、使用价值	(3, 4]
		具有很高的观赏、游憩、使用价值	(2, 3]
		具有较高的观赏、游憩、使用价值	(1, 2]
		具有一般的观赏、游憩、使用价值	[0, 1]

续表

评价项目	评价因子	评价依据	赋值
开发潜力 （22分）	科学文化艺术价值（3分）	在历史文化和科学艺术等方面具有重大的作用	(2, 3]
		在历史文化和科学艺术等方面具有较大的作用	(1, 2]
		在历史文化和科学艺术等方面具有一般的作用	[0, 1]
	遗产知名度（5分）	世界级非物质文化遗产	(3, 5]
		国家级非物质文化遗产	(2, 3]
		省级非物质文化遗产	(1, 2]
		市区县级非物质文化遗产	[0, 1]
	遗产物化多样性（2分）	类型多样，附属物种类极丰富	(1.5, 2]
		类型较为丰富，附属物种类较丰富	(1, 1.5]
		类型较少，附属物种类较少	(0.5, 1]
		类型单一，附属物种类很少或没有	[0, 0.5]
	客源市场认可度（8分）	在世界范围内知名，世界级的旅游目的地	(6, 8]
		在全国范围内知名，国家级的旅游目的地	(4, 6]
		在省内知名，省级的旅游目的地	(2, 4]
		在市区县知名，市区县级的旅游目的地	[0, 2]
开发条件 （20分）	经济条件（2分）	经济发达，人均收入水平远高于同等区域	(1.5, 2]
		经济较发达，人均收入水平在同等区域偏高	(1, 1.5]
		经济一般，与同等区域人均水平相当	(0.5, 1]
		经济较差，较同等区域人均水平低	[0, 0.5]
	区位条件（8分）	距省会城市或著名景点小于100千米，可进入性极强	(6, 8]
		距省会城市或著名景点100千米—200千米，可进入性较强	(4, 6]
		距省会城市或著名景点200千米—3000千米，可进入性一般	(2, 4]
		距省会城市或著名景点大于3000千米，可进入性差	[0, 2]
	基础配套（3分）	交通极为便利，水电供应充足，通信条件完善，旅游接待服务设施完备	(2, 3]
		交通较为便利，水电供应充足，通信条件较完善，旅游接待服务设施较好	(1, 2]
		交通一般，通水电，旅游接待服务设施有但并不完善	[0, 1]

续表

评价项目	评价因子	评价依据	赋值
开发条件 (20分)	资源组合难易程度（5分）	与其他类型资源能够有机联系在一起，互相补充	(2, 5]
		与其他类型资源联系在一起的程度一般	(1, 2]
		与其他类型资源相互孤立，不能联系在一起	(0, 1]
	非遗旅游适游期（2分）	超过300天/年或适宜所有游客参与	(1.5, 2]
		超过240天/年或适宜80%左右的游客参与	(1, 1.5]
		超过150天/年或适宜60%左右的游客参与	(0.5, 1]
		小于100天/年或适宜40%左右的游客参与	[0, 0.5]
保护性 (28分)	文化原真程度（7分）	文化原真程度很高	(4, 7]
		文化原真程度一般	(2, 4]
		文化原真程度较差	(0, 2]
	附属物保护程度（4分）	附属物保存系统完整，内容丰富	(3, 4]
		附属物保存比较系统完整，内容较丰富	(2, 3]
		附属物保存一般，内容不丰富	(1, 2]
		附属物保存较差，内容单一	[0, 1]
	政府保护支持程度（5分）	非常重视，资金投入多，管理机制完善	(3, 5]
		较为重视，有一定的资金投入，管理机制较为完善	(1, 3]
		重视程度一般，资金投入不足，管理机制不完善	(0, 1]
	企业保护开发认同度（4分）	非常重视，将遗产保护放在首要位置	(3, 4]
		较为重视，将遗产保护与旅游开发并重考虑	(2, 3]
		一般，有遗产保护的意识但不强烈	(1, 2]
		较差，对遗产保护没有意识或意识很低	[0, 1]
	民间保护意识（8分）	保护意识强烈，在民间普及度极高	(6, 8]
		保护意识较强，在民间普及度较高	(4, 6]
		一般，在民间有一定的普及度	(2, 4]
		较差，在民间普及度低	[0, 2]
传承性 (20分)	研究关注程度（2分）	世界范围内研究探讨，成果非常丰富	(1.5, 2]
		全国范围内研究探讨，成果较为丰富	(1, 1.5]
		省域范围内研究关注，有一定数量成果	(0.5, 1]
		市区县范围内研究关注，成果数量不多	[0, 0.5]

续表

评价项目	评价因子	评价依据	赋值
传承性 （20分）	开发利用程度 （2分）	非常高，相关旅游景区（点）或产品极为丰富	(1.5, 2]
		较高，相关旅游景区（点）或产品较为丰富	(1, 1.5]
		一般，相关旅游景区（点）或产品数量一般	(0.5, 1]
		较差，相关旅游景区（点）或产品数量少或单一	[0, 0.5]
	文化和谐水平 （2分）	跟当地文化极为和谐	(1.5, 2]
		跟当地文化较为和谐	(1, 1.5]
		跟当地文化和谐性一般	(0.5, 1]
		跟当地文化和谐性较差	[0, 0.5]
	文化传播影响力 （6分）	传播范围很广，在全国甚至世界范围内影响力大	(4, 6]
		传播范围较广，在全省范围内影响力大	(2, 4]
		传播范围一般，在市区县范围内影响大	[0, 2]
	传承人培养管理 （8分）	管理制度较完善，激励措施较合理，传承人数非常多	(6, 8]
		管理制度较完善，激励措施较合理，传承人数较多	(4, 6]
		管理制度一般，激励措施一般，传承人数少	(2, 4]
		管理制度欠缺，传承人生存艰难，人数极少	[0, 2]
预期开发 效益 （10分）	收入促进效益 （3分）	促进效果非常明显，相关人员收入显著增强	(2, 3]
		促进效果较好，相关人员收入增幅较大	(1, 2]
		促进效果一般，相关人员收入有所提升	[0, 1]
	就业促进效益 （1分）	能够带动相当多的人就业	(0.5, 1]
		能够带动较多的人就业	[0, 0.5]
	文化认同促进 效益（1分）	极大地促进本地文化认同度	(0.5, 1]
		对本地文化认同度有所促进	[0, 0.5]
	产业带动效益 （2分）	与其他产业关联非常紧密	(1.5, 2]
		与其他产业关联较为紧密	(1, 1.5]
		与其他产业关联一般	(0.5, 1]
		与其他产业关联较差	[0, 0.5]
	生态优化效益 （3分）	能够极大地促进生态环境优化	(2, 3]
		能够较大地促进生态环境优化	(1, 2]
		对生态环境优化促进效果一般	[0, 1]

四 评判的实施

简而言之，采用模糊数学评判的方法对非遗的旅游开发适宜性进行评价。将用于评判的若干个因素组成一个因子层子集 U_i（$i=1, 2, 3, 4, 5$），设该因子层评判决策矩阵为 R_i（$i=1, 2, 3, 4, 5$）。利用层次分析法计算出以上因子层权重子集 a_i（$i=1, 2, 3, 4, 5$），则进一步求得第 i 个子集的综合评判结果为：

$$\tilde{B}_i = \tilde{a}_i * R_i = [b_{i1}, b_{i2}, \cdots b_{in}]$$

进而对目标层 U 中的 5 个子集 U_1、U_2、U_3、U_4、U_5 进行综合评判，其评判决策矩阵为：

$$R = \begin{bmatrix} \tilde{B}_1 \\ \tilde{B}_2 \\ \tilde{B}_3 \\ \tilde{B}_4 \\ \tilde{B}_5 \end{bmatrix} = \begin{bmatrix} b_{11} & b_{12} & \cdots & \cdots & b_{1n} \\ b_{21} & b_{22} & \cdots & \cdots & b_{2n} \\ b_{31} & b_{32} & \cdots & \cdots & b_{3n} \\ b_{41} & b_{42} & \cdots & \cdots & b_{4n} \\ b_{51} & b_{52} & \cdots & \cdots & b_{5n} \end{bmatrix}$$

由此得到非遗旅游开发适宜性评价指标体系的多层次评价模型，据此构建出非遗旅游开发适宜性的 PCPIB 五维度评价模型，在实际运用中，需要通过对非遗单体进行实地调研考察，参照上述模型得出各单项指标的赋值，并通过汇总计算出总体得分，最后将总分与评价等级划分表进行比较，即可得出适宜性所处的等级。

第五章　非遗旅游开发的主要模式

鉴于非遗的保护传承与旅游开发之间存在互动关系，可通过特定的评价方法对非遗旅游开发的适宜性进行评价，就当前的旅游开发现状来看，不少非遗已经在旅游开发中得到有效利用，取得了丰富旅游产品、促进文化传播的效果。因此，通过旅游开发推动非遗保护传承不失为一个有效方式，但就旅游开发利用的比例来看，还仅仅是总量的一小部分，且不乏开发失败或者效果不佳的案例。总体来看，在非遗旅游开发中多采取保守姿态，重保护，轻传承，多以建博物馆将非遗以静态的形式陈列起来；或是过度商业化开发，而忽略非遗的原真性，造成文化失真甚至扭曲，不仅不能起到保护的作用，反而破坏了非遗资源。因此，结合非遗的特殊性，探讨有效的开发模式，能够更好地指导具体的旅游开发实践。

第一节　非遗的四分法及意义

现有的非遗分类多依据遗产本身特性而言。为了更好地阐释非遗保护传承与旅游开发的互动关系，在非遗旅游适宜性评价的指导下，考虑非遗的特性，兼顾各类非遗的资源属性，参照现行分类方法及相关研究成果，归纳总结形成了非物质文化遗产的"四分法"，使不同类别非遗旅游的开发模式研究更加明晰。

一 非物质文化遗产一般分类

非物质文化遗产表现形式多样，涵盖内容丰富。关于非遗分类的探讨，国内外相关官方文件和学术文献从不同角度，按照不同的理解做出了不同的分类体系。目前比较通用的是根据联合国教科文组织在《保护非物质文化遗产公约》中相关表述及我国国务院公布的国家级非物质文化遗产名录进行的分类。联合国教科文组织把非遗划分为六类，而我国将非遗划分为十类，具体见表5-1所示。

表5-1 主要政府组织机构对非物质文化遗产的分类

单位	依据	文件	具体分类内容
联合国教科文组织	表现形式	《保护非物质文化遗产公约》	(1) 口头传说和表述，包括作为非物质文化遗产媒介的语言；(2) 传统表演艺术；(3) 社会风俗、礼仪、节庆；(4) 有关自然界和宇宙的知识和实践；(5) 传统手工技艺技能；(6) 与上述表现形式相关的文化空间
中华人民共和国国务院	表现形式	《关于公布第一批国家级非物质文化遗产名录的通知》	(1) 民间文学；(2) 民间音乐*；(3) 民间舞蹈*；(4) 传统戏剧；(5) 曲艺；(6) 杂技与竞技*；(7) 民间美术*；(8) 传统手工技艺*；(9) 传统医药；(10) 民俗①

*备注：2008年6月国务院公布第二批名录时，对分类名称进行了调整，(2) (3) (7) (8) 分别更名为传统音乐、传统舞蹈、传统美术、传统技艺，(6) 更名为传统体育、游艺与杂技。

此外，不少学者从各自的研究视角，结合非遗的特点、表现形式

---

① 《国务院关于公布第一批国家级非物质文化遗产名录的通知》（国发〔2006〕18号），2006年5月20日。

及旅游开发等角度对其做出了具体分类。通过整理分析相关文献，代表性的分类见表5-2。

表5-2　　　　　　　　相关学者对非物质文化遗产分类

分类者	分类标准	具体分类内容
向云驹[1]	文化特性	（1）口头文化；（2）体型文化；（3）综合文化；（4）造型文化
刘玉清[2]	文化特性	（1）形态文化；（2）行为文化
孙青等[3]	表现形式	（1）民间文学类；（2）表演艺术类；（3）传统技艺类；（4）节庆民俗类；（5）知识实践类
白雪等[4]	位置	（1）传统表演艺术；（2）民间文学；（4）工艺美术类；（4）民俗类

除上述根据非遗本身特征进行分类外，还有从非遗保护的角度出发，依照已有的各类非遗名录及级别进行分类，自上而下可分为世界级、国家级、省级、市（县）级等。通过对非遗进行分类研究，能够针对不同类型的非遗进行深入研究，有针对性地促进相应旅游开发，从而更好地促进非遗的保护与传承。

二　非物质文化遗产"四分法"

非物质文化遗产"四分法"遵循文化特色统一、表现形式一致和旅游载体相近三大原则。

---

[1] 向云驹：《人类口头非物质文化遗产》，宁夏人民教育出版社2004年版。
[2] 刘玉清：《把非物质文化遗产推向休闲市场》，《市场观察》2003年第3期。
[3] 孙青、张捷：《中国首批国家非物质文化遗产的旅游资源价值评价》，《旅游学研究（第二辑）——文化遗产保护与旅游发展国际研讨会论文集》，2006年。
[4] 白雪、金丽、李烨：《非物质文化遗产旅游开发模式研究——以天津为例》，《旅游纵览》2014年第3期。

文化特色统一原则是指非遗的分类首先要考虑的就是各类非遗资源之间的文化特色，通过相似的文化特色对遗产资源分类。这是做好分类工作的首要原则。

表现形式一致原则强调同类型非遗特色表现形式的一致性，由于非遗的文化特质往往需要通过特定的表现形式加以体现，因此表现形式也是进行分类的重要原则。

旅游载体相近原则主要体现为非遗在旅游开发过程中，既具有文化特性，又具有旅游产品特性。因此结合非遗在旅游开发中的载体可以实现资源有效利用，同时依托旅游更好地展示文化、传承文化。

结合非遗在旅游开发中的需要和特点，从旅游开发的角度出发，本书提出非遗的"四分法"，即将我国非遗归纳划分为表演艺术类、传统技艺类、文学作品类和传统习俗类四大类（见表5-3）。

（一）表演艺术类

这一类型的非遗包括传统音乐、传统舞蹈、传统戏剧、曲艺，以及传统体育、游艺与杂技。表演艺术类非遗往往需要通过一人或多人，在特定的环境里，通过表演呈现在观看者面前。表演艺术类非遗的产生背景主要包括宗教文化、民族文化、农耕文化等，其起源可能是社会上层、宗教人士的有意创造，也可能是民间人士或普通大众在生产生活中无意识形成的。产生的目的包括娱乐、祭祀、宣传等。表演艺术类非遗的视觉效果明显，娱乐性强、地域性和民族性明显，较容易引起人们的模仿、学习兴趣，通常掌握和学习这一类型遗产的人群趋于年轻化。这一类型在生活中比较常见。

（二）传统技艺类

这一类型的非遗包括传统技艺、传统美术、传统医药。传统技艺类非遗的主要特点是文化特性需要通过各种实物表现出来。社会的发展历程、历史的演变是其产生的主要文化背景。传统技艺类非遗产生的目的主要是生产生活需要，如装饰、整理、收集、医治疾病等。传统技艺类非遗的主要特点是实用性和艺术性共存，它极有可能是生活中的某一件普通器具制作技艺，但随着工艺水平和人们审美要求的提高，又具备了观赏性。这种文化遗产的形成与发展往往经历了一个比较漫长的过程，且其继承与发展通常是在某一范围某一特殊人群内，而且世代传习的情况比较多，因此掌握相关非遗的人员比较局限且老年化趋势明显，造成非遗的传习和旅游化开发的难度加大。

（三）文学作品类

这类非遗包括歌谣、传说、民间故事等民间文学。文学作品类非遗以口头传授内容为主，同时结合相关文学作品、史料记载、传承人及后人沿袭进而得到传承与发展。其产生于一定的历史社会背景，通常围绕某一特定的时间或是人物而发展扩充，结合人们的心理诉求，对相关人物、事件进行神话性、夸大性发挥，再通过人们记载形成文稿、图画等。文学作品类非遗寄托了人们更多的情感内涵，同时由于其产生背景和内容是虚构的，能给人各种不同的想象空间，且文化影响范围比较广，这需要在旅游开发中进行再次创作策划。

（四）传统习俗类

这一类型非遗主要包括传统节庆节日、地方风俗、少数民族风俗等。传统习俗类非遗主要是一些约定俗成的节日仪式，通常会在特定的时期举办，且具有延续性，一般在特定的群体内有较深远的影响力。传统习俗类非遗的产生受政治因素、文化因素、地域因素、民族因素等影响。起初是为了纪念、祭祀等，功能性比较明显。随着文化的流传，其影响范围扩大，同时独特的仪式充满神秘感，形成特定的文化符号，对外来人员具有吸引力，其市场影响力和旅游开发的潜力较大。

表 5-3　　　　　　　　旅游开发角度下非遗分类

大类	亚类	基本类别
表演艺术类	传统音乐	山歌、民歌、宗教音乐等
	传统舞蹈	少数民族舞蹈、民间龙狮舞等
	传统戏剧	民间戏剧、少数民族戏剧等
	曲艺	大鼓、评书、少数民族曲艺等
	传统体育、游艺与杂技	杂技、武术、太极拳等
传统技艺类	传统技艺	纺织、陶瓷、酿酒、手工制作等
	传统美术	剪纸、年画、刺绣、石雕、玉雕等
	传统医药	藏药、苗药、中医、针灸、中医养生等
文学作品类	民间文学	歌谣、传说、民间故事等
传统习俗类	民俗	传统节庆节日、地方风俗、耕作习俗、少数民族风俗等

三　非物质文化遗产"四分法"的意义

其一，有利于非遗资源的分类与整合。传统的分类方法主要是基于非遗资源的文化特点和具体的表现形式作出相应的类型划分，而本书所采用的四分法更强调非遗资源与旅游开发的结合。考虑非遗的文化性的同时，还应考虑其相应的旅游资源属性。因此四分法注重不同非遗之间的联系与区别，更强调其作为旅游资源后各非遗之间的关联性，能够实现非遗资源在旅游开发中的整合发展，突出非遗资源在旅游开发过程中的关联性与共存性。

其二，有利于体现资源在旅游开发中的表现形式。四分法主要表明在旅游开发过程中，同一类型的非遗资源具有相近的旅游表现形式。在旅游开发过程中，通常融合了多种多样的非遗资源，多样的非遗资源同样需要多样的表现形式，在展现文化的同时，丰富旅游产品。由于文化特征的不同,在旅游开发中的表现形式也是不同的,因此,通过四分法可以清楚地了解各种非遗资源对应的表现形式。

其三,能实现旅游开发的分类指导。受地域环境、非遗资源数量和类型等条件的影响,非遗资源在旅游开发中的表现形式不同。针对不同的非遗资源需要分类开发。通过资源的分类与整合,充分了解资源在旅游开发中的表现形式,才能结合不同非遗资源分类进行相关开发模式的总结,从而有效地对资源的具体开发进行分类指导,在充分体现文化特性的同时,又能保证旅游开发的有效性和独特性。

第二节 非遗的四分法旅游开发模式案例研究

按照"四分法"将非遗资源分为表演艺术类、传统技艺类、文学作品类、传统习俗类后,依据各类非遗资源的特色以及不同类型非遗资源在旅游开发过程中的表现形式,通过调研已有旅游开发的案例,总结出不同类型非遗旅游开发的基本模式。

一 表演艺术类——以土家族民歌为例

我国表演艺术类非遗资源最为丰富,遗产数量占比最大。2010年7月,国家文化部、旅游局联合开展了"国家文化旅游重点项目名录——旅游演出类"评选工作,公布的35项国家级项目中,包括功夫传奇(武术)、飞翔(杂技)、相声、戏曲集萃(相声)、吴桥杂技大世界园区演出(杂技)、东北二人转、扬州杖头木偶表演(木偶戏)、禅宗少林音乐大典(佛乐)等,所涉及的非遗项目绝大多数为表演艺术类。通过整理分析表演艺术类非遗开发实例,相当一部分旅游项目的开发对该类遗产资源起到了显著的宣传与推广效果,同时也取得了巨大的旅游经济效益，在旅游市场中引起了较大的反响，激发同类型文化演出项目的不断涌现。

表5-4　　　　　　　　表演艺术类非遗旅游开发现状

大类	亚类	典型代表	旅游开发资源	旅游产品举例
表演艺术类	民间音乐	蒙古族呼麦、蒙古族马头琴音乐、花儿、江南丝竹、宜昌丝竹、五台山佛乐、武当山宫观道乐、兴山民歌、陕北民歌、川江号子、码头号子、海洋号子、侗族大歌、侗族琵琶歌、唢呐艺术、土家族民歌等	佛教音乐道教音乐川江号子土家族民歌	《禅宗少林·音乐大典》、《夷水丽川》
	民间舞蹈	秧歌、京西太平鼓、高跷、龙狮舞、安塞腰鼓、锅庄舞、土家族摆手舞、土家族撒尔嗬、肉连湘、灯舞、傣族象脚鼓舞等	土家族摆手舞土家族撒尔嗬	《夷水丽川》
	传统戏剧	昆曲、川剧、京剧、豫剧、梨园戏、黄梅戏、皮影戏、木偶戏、花鼓戏、高腔等	川剧	《芙蓉国粹》川剧旅游剧
	曲艺	苏州评弹、汉川善书、湖北评书、东北二人转、凤阳花鼓、相声、恩施扬琴等	东北二人转	《东北二人转》
	杂技与竞技	吴桥杂技、抖空竹、少林功夫、武当武术、围棋、象棋、赛龙舟、蹴鞠、朝鲜族跳板、秋千、传统箭术、赛马会、口技、花毽等	吴桥杂技赛龙舟	吴桥杂技大世界园区演出《秭归端午节》

在2014年国家公布的第四批国家级非遗名录中，土家族民歌被纳入传统音乐类国家级非遗。湖北恩施作为土家文化的发源地之一，有着十分丰富的民族文化艺术。恩施土家族苗族自治州的土家族民歌包括丝弦锣鼓、薅草锣鼓、喜花鼓、灯歌·龙船调、鹤峰鼓、巴东峡江号子等。同时土家族还有摆手舞、撒尔嗬等民间舞蹈类国家级非遗。

（一）依托资源的特点

一是特色鲜明，通俗易懂。在土家族，比较有特色的便是姑娘出嫁所唱的哭嫁歌、亲人去世所唱的丧鼓歌。它所体现的是土家人对于婚姻和生死独特的理解，这是区别于其他民族的，也是其文化独特之处。同时随着土家族与汉族的交流与融合，歌曲中也体现了汉文化许多特点和内容，歌曲中多包含儒家文化思想，多以歌曲的形式将民间故事与历史传说娓娓道来，词曲意思通俗易懂。

二是内容多样，情感丰富。土家族民歌内容丰富，分别反映劳动生活、婚姻爱情、民俗风情等；土家族民歌题材多样，其中具有代表性的有山歌、礼俗歌（婚嫁、丧葬等）、号子、儿歌、摆手歌、盘歌等。丰富的民歌内容，以及歌曲所包含的情感，是引起旅游者产生情感共鸣的重要因素。

三是与民众生活密切相关。热爱唱歌的土家人创造了大量优秀的民歌，民族历史、民俗风情、男女恋情、天文地理等都是民歌反映的内容；劳动、恋爱、出嫁、丧葬，人们都通过歌唱抒发个人情感。所以与其说民歌是一种艺术形式，倒不如说民歌反映了土家人日常生活百态，讲述了民族的变迁和个人的成长过程。

（二）旅游开发实践

恩施作为土家族先人——巴人的发源地，时代的变迁及民族的发展积累了丰富的土家文化。同时恩施地处清江发源地、大巴山与武陵山交汇处，自然景观秀美。2005年利川腾龙风景区旅游资源开发有限公司，结合腾龙洞独特的洞穴景观，凉爽的气候条件，优美的田园风光，以及浓郁的土家歌舞文化，开发了名为《夷水丽川》的土家族情景歌舞。剧目内容见表5-5。

表 5-5　　　　　　　　　《夷水丽川》节目内容①

剧情结构	节目内容	非物质文化遗产类型
序曲：焚香祭祖	盐阳夷水、武落钟离	民间文学
上篇：白虎雄风（廪君化白虎）	盐阳女神	民间文学
	巴氏廪君	民间文学
	夷城悲歌	民间文学
中篇：巴裔风情	狩猎舞	传统舞蹈
	选夫、刀梯摘彩	民俗
	吊脚楼、西兰卡普	传统技艺
	哭嫁、陪十姊妹	民俗
	送亲	民俗
下篇：龙船古韵	土家花灯	传统音乐
	八宝铜铃舞	传统舞蹈
	肉莲湘	传统舞蹈
	龙船调	传统音乐
	毛古斯	传统舞蹈
	焰火草龙	民俗
	撒尔嗬	传统舞蹈
尾声：鼓鸣舍巴	篝火映红、鼓鸣舍巴（摆手舞）	传统舞蹈

（三）开发模式初探

实景舞台剧，是以天然的真实景观作为舞台或者背景，以民族民俗文化、历史、传说等为主题，音乐、舞蹈、服装、演出和景观融为一体的文艺演出剧目，效果宏大，震撼人心②。《夷水丽川》实景演出充分利用当地的民族文化遗产元素，结合音乐舞蹈、灯光、自然溶洞，秉承恩施州非遗资源的核心精神，体现了当地非遗文化与舞台艺术的

---

① 马木兰：《非物质文化遗产旅游产品化的转型模式研究》，硕士学位论文，华东师范大学，2008 年。
② 汪宇明、马木兰：《非物质文化遗产转型为旅游产品的路径研究——以大型天然溶洞实景舞台剧〈夷水丽川〉为例》，《旅游科学》2007 年第 4 期。

完美融合。节目不仅保持了非遗的原真性,还为非遗元素转化为旅游产品创造了有效的艺术载体(见图 5-1)。

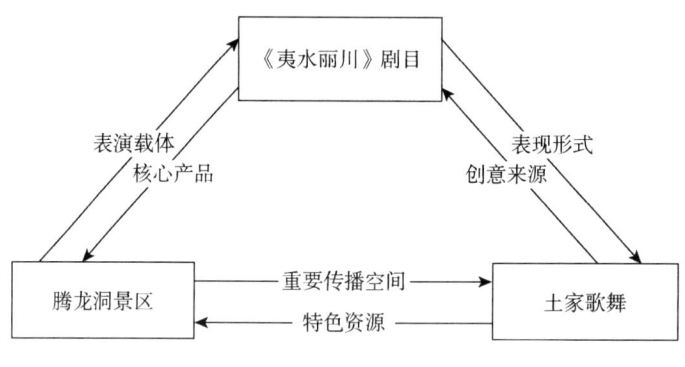

图 5-1 土家歌舞旅游开发结构

1. 以知名景区为依托

《夷水丽川》以腾龙洞景区旱洞内一个天然穹隆型溶洞为演出场地。腾龙洞是世界特级洞穴之一,属中国已探明的最大溶洞国家 5A 级景区。舞台依托溶洞穹隆大厅的边缘,采用投幕背景,周围布置土家文化气息浓厚的生产与生活用具和土家建筑模型,营造出土家生态原始、自然质朴的环境氛围。奇特的喀斯特自然溶洞环境,时尚、现代化的灯饰系统,共同营造了相关的土家文化的重要传播空间,同时也是《夷水丽川》的演出载体。

2. 以特色文化为资源

演出内容包括舞蹈表演、民歌演唱、习俗展示等内容,如舞蹈类的肉莲湘、撒尔嗬、铜铃舞;民歌类的哭嫁歌、龙船调等;同时根据土家祖先相关的传说编排节目,融合了吊脚楼、西兰卡普(一种土家织锦)等优秀的民间手工艺品。这些特色的文化资源是构成整个舞台表演节目的重要素材,集中体现了土家文化特色。

3. 形成核心旅游产品

《夷水丽川》包含序曲、上篇、中篇、下篇、尾声四部分,利用高科技灯光效果和现代化的表现手法,带给旅游者一场别开生面的文化盛宴,极具震撼效果,成为景区吸引旅游者的重要旅游产品。通过舞蹈、歌曲等多种形式,展现了土家族舞蹈、民歌、传统习俗等,是多种多样的土家族非遗的集中体现。

二 传统技艺类——以手工布鞋制作技艺为例①

传统技艺类非遗资源最突出的特点包括:文化空间依托性明显;制作产品可通过实物展示,兼具实用性与艺术性;制作技艺复杂且历史悠久,对传承人要求较高。在已公布的国家级非遗名录中,此类遗产资源占比较大。从近几年旅游业对该类遗产资源的开发利用方式与程度来看,主要是通过制作形成特定的旅游商品,并在相关旅游景区或购物街区出售,取得了一定的经济效益和宣传效果。同时也显现出文化地域区分不明显、手工技艺难以有效传承等困局。随着关注度的不断提高,不少开发者发现,依托非遗原生地,打造或拓展该类非遗的生存空间,如特色文化街区、文化村落、文化小镇等能够有效地保护和延续非遗传承人及其生存的文化空间,实现遗产的有效传承,同时也能丰富旅游产品内容。

表5-6　　　　　　　　传统技艺类非遗旅游开发现状

大类	亚类	典型代表	旅游开发资源	旅游产品举例
传统技艺类	传统技艺	手工制瓷技艺、雕漆技艺、老陈醋酿制技艺、中式服装制作技艺、风筝制作技艺、豆腐传统制作技艺、泡菜制作技艺、手工布鞋制作技艺等	景德镇手工制瓷技艺、潍坊风筝制作技艺、中式服装制作技艺、枝江步步升手工布鞋制作技艺	潍坊风筝旅游节、枝江步步升布鞋文化村

---

① 阚如良、王桂琴、周军、Hsiang-te Kung:《主题村落再造:非物质文化遗产旅游开发模式研究》,《地域研究与开发》2014年第12期。

续表

大类	亚类	典型代表	旅游开发资源	旅游产品举例
传统技艺类	传统美术	木版年画、蜀绣、苏绣、湘绣、石雕、书法类等	杨柳青木版年画、曲阳石雕等	天津杨柳青旅游名镇
	传统医药	中医诊法、针灸、同仁堂中医药文化、中医养生、苗医药、壮医药等	针灸、中医养生	医药类旅游商品、医药类旅游休闲保健项目

（一）依托资源的特点

2009年步步升手工布鞋作为"枝江民间手工布鞋"代表入围湖北省"省级非物质文化遗产"名录，这是枝江农村妇女具有的绝活，所生产的布鞋产品具有悠久的制鞋工艺、美好的文化寓意、精湛的专利技术和独特的保健功效等特点。

1. 悠久的制鞋工艺

枝江民间手工布鞋制作工艺历史可追溯到汉朝，当地居民世代相传着手工布鞋技艺，布鞋制作工序烦琐，达20道（见表5-7），手工锥纳针眼约5000个，每双布鞋用棉布1.67平方米，棉索200余米。

表5-7　　　　　　　　手工布鞋工艺流程

编号	工艺名称	工艺内容及要求
1	土纺法制棉纱	选用优质棉花，不同于现代的机器纺纱，结合手纺纱"结实、韧性强、耐用、拉力大"的优势，用土纺车纺棉纱
2	土纺制棉索	选用三股土纺棉纱合成棉索
3	纺织土布	用土纺棉纱，在土织布机上织土布
4	元宝席子编制	选用新割的元宝席子草晾干、压实，直至表面整齐，再按照传统工艺编织，直至纹路紧密、平滑；在席面上用米面糊贴上特有的丝绵纸，压实
5	样包缝制	采用土布疙子缝制且有许多夹层的地方传承物件——样包，以便日后放置鞋样
6	画好底样	在铺好的土布上和做好的元宝席子上画样

续表

编号	工艺名称	工艺内容及要求
7	包制元宝席子	以棉线团边,不走样地用细土布将剪好样的元宝席子包好
8	千层底填制	保持清洁、整齐地运用上述包好的元宝席子和土布夹层制作层数不少于25层的"千层底"。底边剪裁圆滑并应留有余地,并且各个布层之间不得留有褶皱
9	剪制鞋底	干净地沿着包好的元宝席子边将千层底的土布夹层部分熟练利落地剪裁整齐
10	包底和团边	将剪好的千层底用棉布小心包好,并且运用当地传统技艺团边
11	锁制鞋底	在清洁的鞋底上,以交叉方式、横竖间隔均匀地进行走线锁底,必须保持鞋底表面整齐和美观
12	锁制鞋边	完成锁底工序后,还需对鞋边用棉线进行整齐美观的锁边
13	中药浸泡鞋底	选取上好的中草药药水,将上述做好的鞋底浸泡其中
14	闷透鞋底	用棉被将泡好的鞋底闷透以充分吸收药性
15	捶软鞋底	为了使鞋更加随脚和舒适,选用上好的檀木槌平整和软化鞋底
16	鞋底铺棉	在鞋底上将优质的棉花均匀铺开并缝制衬里布
17	鞋帮画样	选用精米面糊把全毛料的面料和全棉的衬料铺平合起来,料理妥帖之后,再在其反面用全棉专用衬里布用米面黏合住。最后,需风干,按传统工艺的要求在铺好的鞋帮上精准画样
18	鞋帮缝制	首先剪除风干后帮样的多余部分,再进行最为重要的缝制工序。缝制的好坏直接影响产品质量,所以直线走针时要平直,曲线走针顺弯圆滑,保持线路美观。必须按紧沿条和滚口布,以保证缝边时不出现褶皱和松弛。保持整个过程干净利落
19	手工绱鞋	按照适当的鞋帮和鞋底的配合间距,采用传统的手工针线对上述工序后的半成品进行绱帮,保持针迹不歪斜和针距不太大,为保证不超出鞋边沿,瞄准对齐鞋帮的左右两边,精准固定
20	手工楦鞋	为制作出美观合脚的布鞋,必须将绱好的成鞋依托鞋楦来整形,并且将楦好后的产品进行烘干和进一步平整

2. 美好的文化寓意

枝江民间千百年来流传着这样的习俗,过门时姑娘做两双布鞋送给公公婆婆表孝心,定亲时女子做双布鞋送给夫婿表爱心,出嫁时女子送布鞋给夫家长辈表亲情,生孩子时送双虎头鞋取吉祥平安之意①；加上布鞋上的绣花、刺绣等吉祥喜庆图案及"步步升"都有美好的寓意，还有"虎头鞋的来历""三峡绣鞋洞""元宝席子""仙女下凡""步步升布鞋"等相伴生的优美民间传说，都是手工布鞋非遗不可分割的重要内容。

3. 精湛的专利技术

步步升公司对传统工艺进行技术革新，研发取得的国家专利技术"锁底锁边工艺"确保鞋底纹理紧密且更加耐磨，锁边牢固且美观。公司还起草手工布鞋标准，赋予现代时尚理念，设计出中高跟等时尚款式，一改传统黑白平跟布鞋式样，实现了传统工艺与时尚元素的完美结合。

4. 独特的保健功效

枝江境内众多水面野生的蒲草（即"元宝席子"草）以及本地出产的棉花都是制作布鞋的绝佳材料。这些天然材料不仅透气性好，而且吸潮性强，运用传统中医药精选十多味中草药浸泡、烘干，加上内鞋底的凸凹结构对脚掌的按摩作用，使得步步升布鞋独具养生保健之功效，既能有效透气吸汗除脚气，又能促进足部血液循环、消除疲劳。

（二）旅游开发实践

步步升布鞋文化村选址枝江市仙女镇，地处汉宜高速公路枝江互通处，距武宜高速铁路枝江站仅 500 米，离武汉 250 公里、宜昌 40 公里、三峡大坝 68 公里。枝江市步步升布艺有限公司于 2004 年 9 月成立，先后投资 6000 多万元新建步步升布鞋文化村，成立经营管理总部、产品研发推广中心、文化旅游接待基地。公司已成功推出了礼品布鞋、时尚布鞋、传统布鞋、三峡风情布鞋、民族布鞋、极品典藏布鞋等系列产品，先后被评为三峡十大特产、湖北省著名商标、湖北名

---

① 湖北省枝江县地方志编纂委员会：《枝江县志》，中国城市经济社会出版社1990年版。

牌产品、商务部公示具有培育潜力的国内市场品牌，拥有遍布全国代理体系、直销网络，并已成功打开了我国港台、东南亚、欧美市场，实现了年销售布鞋15万双、接待游客13万人次、年营业收入4800万元的经济效益。文化村依托省级非遗及其独特的旅游区位优势，经过近十年的建设与发展，成为旅游开发与非遗保护传承良性互动的成功典范。公司计划对项目改造提升建设，致力打造成为鄂西文化旅游商品的龙头企业、旅游促进妇女就业的示范基地和全国特色景观旅游名村。

步步升布鞋文化村按照打造"中国布鞋之乡"总体定位，围绕"布鞋文化""母爱文化"两条主线进行项目布局，建有集传统纺线、织布、布鞋制作于一体的布鞋工艺展示园、中国布鞋博物馆、中国生育文化奇石馆、步步升布鞋展销馆、枝江民俗表演广场、足疗保健休闲中心、步步升妈妈菜馆、步步升客栈以及游客中心，构建起了食、住、游、购、娱旅游产业链，基本形成了青砖黛瓦马头墙、亭台回廊错落有致的特色文化村落。

（三）开发模式初探

"枝江民间手工布鞋"属于传统技艺类非遗，其技艺及传人散落于当地民间。对此类非遗的旅游开发模式，邵际树认为适用于手工制作与旅游商品两种模式[①]；雷蓉等认为可采用博物馆、旅游商品、体验性展销三种模式[②]。从上文分析来看，步步升文化村并不是立足于现有的特色村庄，而是一个再造的主题文化村落，在整体上围绕特定的主题文化，设计相应的文化旅游功能，采取活态传承的方式，聚集开发而成的集布鞋生态文化保护区、生态博物馆、特色文化村

[①] 邵际树：《非物质文化遗产的旅游价值和旅游开发模式初探》，《当代经济》2012年第8期。

[②] 雷蓉、胡北明：《非物质文化遗产旅游开发模式分类研究》，《商业研究》2012年第7期。

落于一体的文化旅游综合体。也就是说，步步升文化村不是简单意义上的自然村落，而是通过"主题村落再造"而形成的极富活态的文化生态博物村落（见图5-2）。该主题村落再造模式包含以下基本内涵：

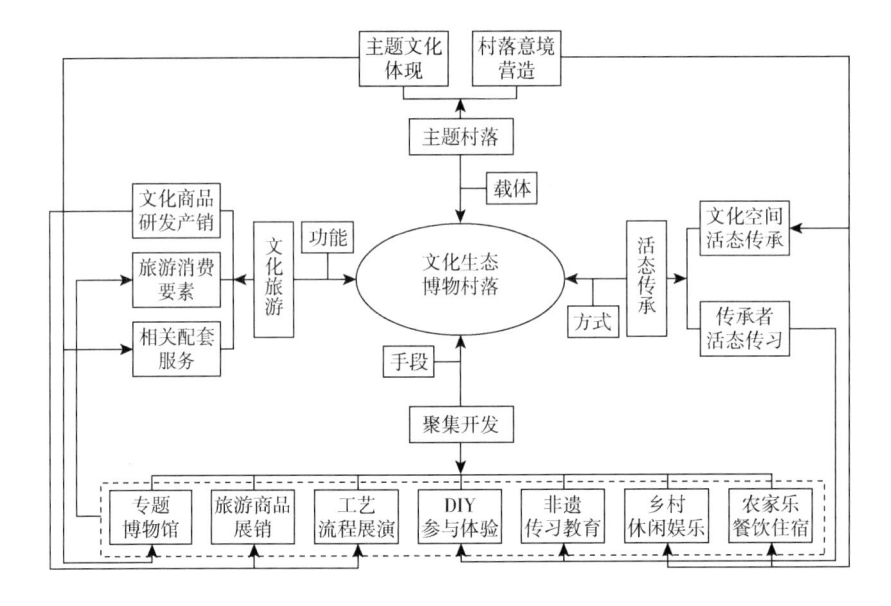

图5-2 步步升手工布鞋制作技艺开发结构

1. 以特色主题村落为文化空间

步步升公司自创业之初就摈弃"现代制鞋工业园区"的开发理念，提出打造以布鞋文化为特色的主题村落，并通过主题文化体现和村落意境营造来实现。无论是村落规划布局、建筑风貌、景观小品、旅游标识，还是专题博物馆、员工服饰、导游解说，都赋予了布鞋文化元素的内容；庭院、溪流、池塘、农田以及野生蒲草、石碾、纺车、织布机等有序布局村中，荆楚平原自然村落特征显著，再现民间手工布鞋相伴生的文化空间。这种再造的主题村落也就成了非遗旅游开发的有效载体。

2. 以功能丰富的旅游项目为载体

步步升文化村不仅设有布鞋研发中心、生产基地、展销窗口等，而且没有体现旅游消费要素功能和配套服务功能的旅游消费要素。主要包括吃在妈妈菜馆，住在步步升客栈，参观布鞋博物馆、生育文化奇石馆，到布鞋工艺展示园参观并体验工艺流程，在民俗表演广场欣赏枝江吹打乐、枝江楠管等非遗节目表演，到足疗保健休闲中心去休闲，到布鞋产品展销中心去购物。从这个意义上讲，步步升文化村可以说是一个以布鞋文化为主题、以文化旅游为功能的主题村落，可以满足游客多方位的消费需求。

3. 社区参与，活态传承

非遗主要依靠行为方式的途径即口传身授等实践来传承，生产性保护是较为符合非遗基本特征的保护方式之一，传承人在非遗生产性保护过程中有着重要的作用①。本地妇女是"民间手工布鞋"非遗的传承者，步步升文化村充分吸纳她们参与布鞋制作与旅游服务，通过师傅带徒弟等活态传习方式，有利于传承者的活态保护与传习；同时，通过布鞋文化村落意境营造，与非遗相共生的文化空间得到了活态保护。可见，步步升文化村不仅实现了非遗全方位的活态保护与传承，而且也富有生机和活力。

4. 产业融合，聚集开发

以主题村落为载体，各文化旅游项目根据产品特点及功能需求，分别选取了专题博物馆、旅游商品展销、工艺流程展演、DIY 参与体验、非遗传习教育、乡村休闲娱乐、农家乐餐饮住宿等聚集开发手段，集合了新农村建设、非遗保护与传承、文化旅游产业发展等多方面的

---

① 徐艺乙：《传承人在非物质文化遗产生产性保护中的作用》，《贵州社会科学》2012 年第 12 期。

优势,把文化体验旅游、乡村休闲旅游、布鞋工业旅游、旅游商品展销等内容有机融合进去,主题再造了一个极富活态的文化生态博物村落,既丰富了步步升文化村旅游产品内容,又促进了非遗的保护与传承,还有助于妇女参与其中并实现本土就业与致富。

三　文学作品类——以八仙传说为例

文学作品类非遗资源主要以传说类、故事类为主。通常具有丰富的人物形象和故事情节,往往是根据一定的史实逐渐发展形成文字、绘画等作品。该类非遗包含了人们丰富的想象,寄托了人们的主观文化情节,拥有丰富的想象空间。就目前的旅游开发现状来看,主要是依托该类非遗赋存地或关联性较强的地域,根据相应的文字、绘画作品及口头传说等,重现对应的文化场景,并通过活态演绎的方式呈现出来。代表性的文学作品类非遗旅游开发现状见表5-8。

表5-8　　　　　　　　文学作品类非遗旅游开发现状

大类	亚类	典型代表	旅游开发资源	旅游产品举例
文学作品类	民间文学	白蛇传说、西施传说、八仙传说、屈原传说、刘三姐歌谣、伍家沟民间故事、青林寺谜语、西湖传说、昭君传说、三国传说、伯牙子期传说、黑暗转、满族民间故事、童谣、回族民间故事等	西施传说、八仙传说、屈原传说、刘三姐歌谣等	西施故里旅游区 八仙传说蓬莱景区 秭归屈原故里 《印象·刘三姐》

2008年八仙传说经国务院批准列入第二批国家级非物质文化遗产名录。八仙传说是山东汉族民间传说之一,八仙的传说起源很早,"八仙过海,各显神通"的故事更是家喻户晓。

（一）依托资源特点

首先,拥有悠久的历史渊源。东汉牟融的《理惑论》最早提出"八仙"之说，晋朝时期的"淮南八公"、唐朝时杜甫的"饮中八仙"、五代至北宋时期的"蜀八仙"、元代八仙故事在戏剧中的出现、明代"八仙"人物及八仙传说绘画大量涌现，清代"八仙"群像绘画出现[①]。现在人们通常所说的"八仙"是指明代之后定型的八人，包括汉钟离、铁拐李、吕洞宾、张果老、蓝采和、韩湘子、曹国舅、何仙姑。

其次，具有鲜明的文学形象。八仙的传说以文学作品为主，通过诗歌、小说、戏剧、绘画等表现手法塑造了八位个性突出、形象鲜明的神话人物。

最后，包含多元的文化内涵。在八仙人物的设计中，有男有女，且排名不分先后，也无尊卑贵贱之分。八仙代表着凡人的八种类型，即分别代表男、女、老、幼、富、贵、贫、贱。八仙属于道教人物，因此有着浓厚的宗教文化色彩；同时八仙的人数表明了人们对数字"八"的偏爱，体现了人们的数字崇拜情结；八仙人物身份地位不同，有平民也有达官显贵，体现了人们对平等和自由的向往，也因此在民间被人们推崇和熟知。

（二）旅游开发实践

蓬莱相传是八仙过海的地方，2002年蓬莱八仙过海旅游有限公司以道教文化和蓬莱神话为背景，以八仙传说为主题，在蓬莱黄海之滨打造了被称为"八仙渡"和"八仙过海口"的八仙过海景区，总投资达1.2亿元，形成了以八仙形象和八仙传说故事为主题的大型综合文化旅游区。

景区总面积5.5万平方米，利用八仙传说中的人物形象及相关事件创建经典景观。景区整体酷似一个宝葫芦，横卧在海边。区内共有

---

① 王永宽：《八仙传说故事的文化底蕴探析》，《中州学刊》2007年第5期。

景观近 40 处，八仙桥、八仙壁、仙源楼、八仙祠、会仙阁、颐心亭、拜仙坛、望瀛楼、八仙过海口及云外仙都坊十个景观排列在纵轴线上；两侧分别设有清风榭、流香轩、海豹岛、财神殿、祈福殿、八仙亭、奇石林和鼓楼、钟楼、环海长廊等，前后设置有龙王宫、妈祖殿和葫芦水体、宝葫芦、神驴等。景区拥有我国最大的海上奇石林、最大的海上艺术园林、最长的海上游廊和最高的海上楼阁等多项称号。景区巧妙地结合了神话传说的趣味性和历史文化的严肃性，集海洋自然景观、艺术园林和古典建筑于一体，凸显了神山仙海的特色和创意，是休闲、度假、观海览胜以及文化体验的绝佳去处[①]。自 2003 年建成开放以来，游客数量和旅游收入不断攀升，在实现八仙传说创意文化传承和弘扬的同时，创造了可观的旅游经济收入。

（三）开发模式初探

文学作品类的非遗资源主要特点是文学性强，多以文字记载、图画、口头传述等形式表现。通常故事性强、想象空间大、神话色彩浓厚。其在旅游开发过程中，主要的表现形式包括书籍、影音资料、表演、影视剧、主题性文化场景演绎等。从对旅游者的影响程度、文化还原度高低、文化利用深度等方面，结合现有的开发模式，本书以八仙文化为主题，结合蓬莱八仙景区对八仙文化的开发与利用现状，提出文化场景演绎模式。

蓬莱八仙过海景区以道教文化和蓬莱神话为背景，依托与八仙传说有关的蓬莱山为地域空间，围绕八仙文化，整个景区的选址、空间布局、功能分区和旅游项目设置，以及多文化的融合发展，充分利用了文化资源和地理优势条件，生动还原了八仙文化的核心内容，丰富了旅游者的旅游体验（见图 5-3）。

---

① 蓬莱八仙过海景区旅游公司官方网站，http://www.baxian.com.cn.

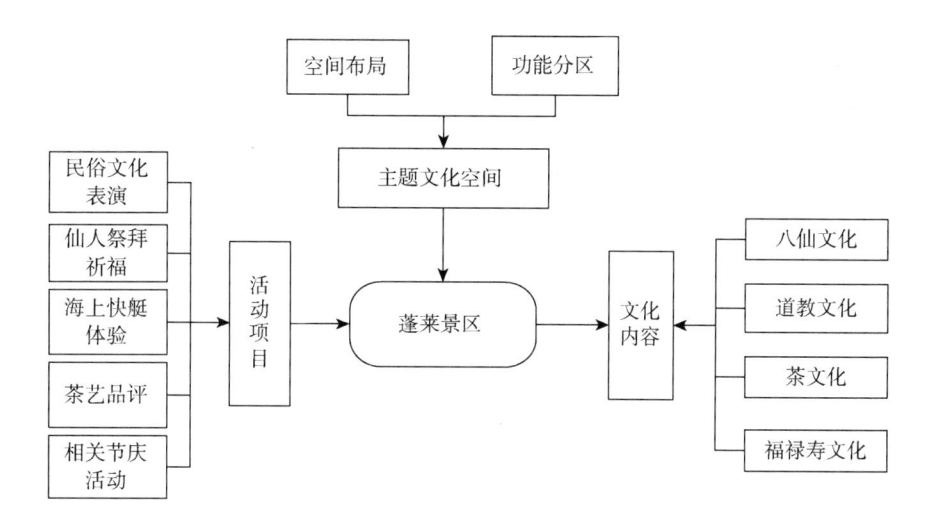

图 5-3　蓬莱八仙过海景区旅游开发结构

1. 营造八仙文化主题空间

景区以"八仙过海"相关传说的历史画作为蓝本，以蓬莱神话和道教文化为文化背景，依托紧邻大海和名山的地理优势，突出海上仙山的设计创意，造型以八仙中铁拐李的神器"葫芦"为原型。通过亭台楼阁多种建筑形态，以茶艺、祭拜、八仙文化艺术品展览等项目，综合建设成为以八仙文化为主题，融合了道教文化、福文化、寿文化、茶文化等相关文化的综合性文化景区。从景区的选址与造型，以及内部建筑特色与布局等，都可看出景区集中展示了八仙文化。

2. 丰富的文化体验项目

建筑是静态的文化展示，建筑内各项旅游项目则是八仙文化及相关文化的活态展示。八仙过海景区内，亭台楼阁、长廊水榭等建筑既能作为实物的文化展示形象，同时内部的各个项目和活动内容也丰富了文化的展示。传统八仙文化技艺节目表演活动、海上快艇的体验活动、茶艺的欣赏与品尝活动、八仙祭拜活动与其他定期举办的节庆活动,既丰富了游客的旅游活动项目,也能让游客在浓厚的文化氛围内感受八仙文化。无论是静态的建筑形式还是动态的活动内容,均是通过文化体验的功能展现多元的特色文化。

3. 多元的特色文化再现

蓬莱八仙过海文化景区以八仙文化为主题,结合传说的特色以及从古至今的发展演变,融合了道教文化、茶文化、福禄寿文化,实现了多种文化的有效整合与利用。既是对八仙文化的拓展与深入,又能满足旅游者对于文化的心理诉求,根据不同的文化开发相应的旅游体验项目,丰富景区文化旅游活动。

四 传统习俗类——以妈祖信俗为例

传统习俗类非遗资源主要包含节日类和习俗类,既有全民型的,也有民族特有的。这类非遗资源通常与特殊的人物、传说、历史等有着重要联系,往往具有特定的活动仪式、活动时间,有的也涉及特定的文化人群。其周期性特点及内容的丰富性、群众影响力等决定其旅游开发通常表现为定期举办节庆活动(见表5-9)。

表5-9 传统习俗类非遗旅游开发现状

大类	亚类	典型代表	旅游开发资源	旅游产品举例
传统习俗类	民俗	春节、端午、清明、七夕、重阳、中秋、傣族泼水节、妈祖信俗、元宵、灯会、庙会、蚕桑习俗、土家年、稻作习俗等	端午节、傣族泼水节、妈祖庙会	秭归端午文化节、傣族泼水节、中国·湄洲妈祖文化旅游节

2006年莆田市"湄洲妈祖祭典"入选国家第一批非遗名录,2009年"妈祖信俗"经联合国教科文组织评选确定列入人类非物质文化遗

产代表作名录,其特点包括主题文化鲜明、习俗内容丰富、民间文化氛围浓厚。

(一)依托资源特点

妈祖信俗是以崇奉和颂扬海上和平女神妈祖大爱精神为核心,以庙会、习俗等为主要表现形式的传统民俗。

1. 鲜明的主题文化

妈祖信俗来源于民间,尽管关于其传说存在多个版本,但毋庸置疑妈祖已经成为我国最具影响力的海上和平女神,妈祖信俗的主题离不开妈祖本身及其所包含的文化内涵。妈祖信俗是以妈祖宫庙为主要活动场所,祭奉妈祖,弘扬和赞颂妈祖立德行善的大爱精神等为主要内容,包含祭祀仪式、民间习俗和故事传说等系列,文化主题鲜明。

2. 丰富的习俗内容

妈祖庙会是妈祖信俗的重要组成内容,在妈祖的故乡福建莆田,依照传统习俗,通常会在每年元宵节、妈祖诞生日和妈祖升天日分别举行盛大的庙会。主要活动有妈祖祭祀、升幡挂灯、武术杂耍、歌舞表演、神驾巡游等,形式多样,内容丰富。

3. 浓厚的民间文化氛围

妈祖信俗历史渊源深厚,其发源与发展离不开妈祖传说,历经千年之久,是历代沿海渔民、海员和旅客等的共同信仰,有关妈祖的各种口头传统、宗教仪式、民间习俗、影视剧作等早已遍布沿海,成为连接海峡两岸重要的文化纽带。

(二)旅游开发实践

1994年莆田市人民政府创办了中国·湄洲妈祖文化旅游节,2007年开始由福建省主办,2009年影响力进一步扩大。2010年开始,由原国家旅游局和福建省共同举办的中国·湄洲妈祖文化旅游节正式上升为国家级节庆活动。在2016年的旅游节上，当地政府响应国家"一带一路"倡议，以"妈祖文化·海丝精神·人文交流"为主题，除举办每年必备的开幕式相关活动外，还开展了相关学术交流及研讨内容，无论是内容还是形式等都有了更加多元化的呈现。在日程安排上从10月31日一直持续至11月底，时间跨度达一个月。主要内容包括：旅游节开幕式、甲午年秋祭妈祖典礼、首届中国（莆田）妈祖文化用品博览会、"最湄洲·最妈祖"文化旅游伴手礼展示、两岸妈祖文化大型创作绘画、全国百名摄影家走进湄洲岛、妈祖文化旅游品牌推介大会、两岸百团万人游湄洲等旅游活动和"2016第二届国际妈祖文化学术研讨会""妈祖文化与海洋精神国际研讨会""中华妈祖文化交流协会会员大会"等研讨交流会。

从历届文化旅游节来看，主要是通过祭祀活动、习俗展示、节目表演、旅游推介、商品展销以及研讨交流等形式，体现妈祖文化旅游节的文化特色。综合来看，结合非遗文化的影响力、民众的文化诉求，文化旅游节所包含的内容更加丰富完整、形式更加多样、区域联动更加明显，影响力更加深远。

（三）开发模式初探

从中国·湄洲妈祖文化旅游节来看，旅游节选址妈祖故里莆田市，以妈祖宫庙为核心，以形式多样的文化活动为文化呈现载体，通过仪式举办和歌舞表演让游客参与其中，实现了在特定的文化空间，利用传统习俗和广大民众，营造文化氛围，达到宣传非遗文化、丰富旅游活动的目的。因此以节庆活动为主要形式的旅游开发模式包含多元的文化内涵、多样的文化活动、复合的文化传播空间和多元的产业结构（见图5-4）。

1. 多元的文化内涵

妈祖文化旅游节不是单纯的祭祀妈祖，在历届中国·湄洲妈文

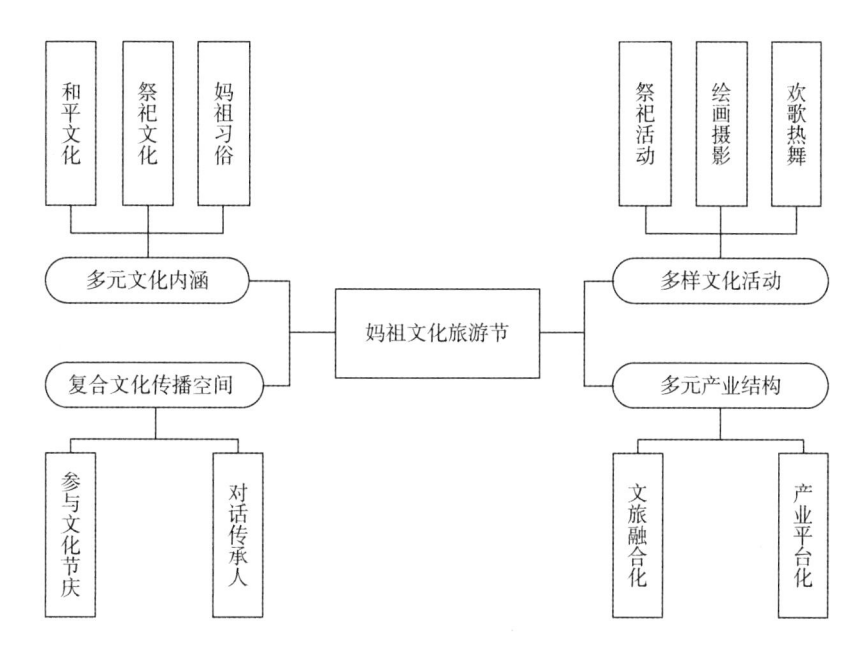

```
┌──────┬──────┬──────┐              ┌──────┬──────┬──────┐
│ 和平 │ 祭祀 │ 妈祖 │              │ 祭祀 │ 绘画 │ 欢歌 │
│ 文化 │ 文化 │ 习俗 │              │ 活动 │ 摄影 │ 热舞 │
└──────┴──────┴──────┘              └──────┴──────┴──────┘
        │                                    │
   多元文化内涵 ──────── 妈祖文化旅游节 ──────── 多样文化活动
        │                                    │
   复合文化传播空间                        多元产业结构
        │                                    │
   ┌────┴────┐                          ┌────┴────┐
   参与     对话                        文旅     产业
   文化     传承                        融合     平台
   节庆      人                          化       化
```

图 5-4 妈祖文化旅游开发结构

化旅游节中，围绕妈祖文化，融合其和平文化、祭祀文化、妈祖习俗于一体，利用多种方式全面展示多元文化的内涵。

2. 多样的文化活动

中国·湄洲妈祖文化旅游节通过举办各式各样的文化活动主要包括原汁原味、庄严肃穆的祭祀活动，趣味横生的绘画摄影体验活动，欢歌热舞的娱乐活动，充分展示其文化特色，打破传统的静态展览方式，能够更有效地让游客参与其中，亲身体验文化的内涵。

3. 复合的文化传播空间

非物质文化遗产与物质文化遗产相比，最大的差别就是其沿袭离不开传承人的存在。在旅游节期间，游客除了现场感受妈祖信俗的魅力、参与文化节庆外，还可通过与传承人现场沟通，深入了解妈祖特色文化内涵，学习相关产品的制作流程与手工艺制作等，这些特定方式有利于非遗传播。

4. 多元的产业结构

中国·湄洲妈祖文化旅游节除了政府有序组织、民众热情参与外，还离不开各企业的支持与参与。包括文化企业、旅游企业、旅游商品制造企业等，各企业充分利用节庆活动举办的平台，对各自文化特色鲜明的商品做出了销售与推广，同时饱含文化特色的旅游商品在旅游者的购买过程中也实现了传播文化的目的。

第三节 非遗旅游开发的模式和比选

结合非遗资源特点及其在旅游开发中的表现形式，在对非遗进行分类的基础上开展旅游开发模式研究，再提出开发模式在具体应用中的注意事项，完善和补充现有的非遗旅游开发模式，充实非遗旅游开发的理论并指导具体的实践。

一 四分法非遗的旅游开发模式提炼

根据非遗四分法提出的不同类型，探讨对应的旅游开发模式，得出四种不同类型的旅游开发模式，进行分类指导。具体是表演艺术类的生境舞台表演模式、传统技艺类的文化空间再造模式、文学作品类的文化场景演绎模式、传统习俗类的特色节庆活动模式。

（一）生境舞台表演模式

表演艺术类的非遗资源最突出的特点在于其表演性较强。就目前的旅游开发来看，主要是将一些经典剧目或内容编排成节目，通过演员现场演绎，形成表演节目类的体验型旅游项目或者制作成相应的影音产品作为旅游商品出售。结合相应的文化内容通过服饰、乐器等辅助材料加以展现。在这一类型的非遗资源的旅游开发过程中，舞台表演模式的旅游产品最受旅游者喜爱,反响度较高。因此,前文结合恩施土家族民歌的旅游开发做出相关分析,将以表演形式实现的旅游开发模式归纳为生境舞台表演模式(见图5-5)。

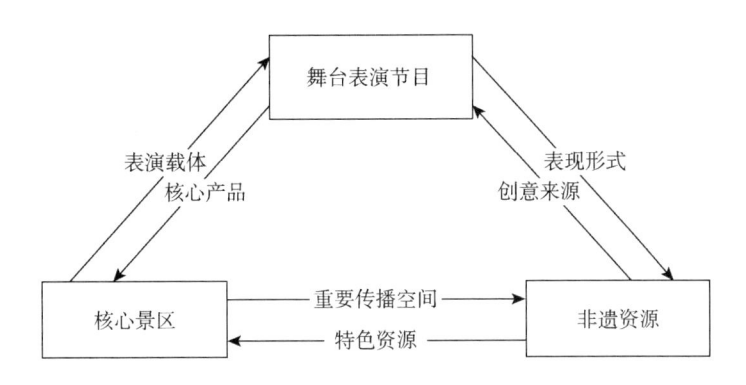

图5-5 表演艺术类非遗的生境舞台表演模式

核心景区是表演载体,也是主要的文化传播空间。通常一个文化表演节目都要依托一个影响力较大、知名度较高的景区,结合景区已有的自然环境,进行建筑、人文环境的设计与开发。这样景区就成为表演节目的重要载体,而且景区也通过自然环境和人文环境的相互烘托,共同营造了相关非遗的重要传播空间。

非遗资源是特色资源,也是节目形成的创意来源。在生境舞台表演模式下形成的表演节目内容通常会涵盖一个地区的"民间文学""传统音乐""传统舞蹈""传统技艺""民俗"等多个非遗类别,这些文化综合体现了独特的文化艺术,同时也阐述了特殊历史环境和自然环境下文化产生与发展的过程。通过多个非遗资源的整合能够使节目内容丰富、情感充沛。因此非遗资源是节目的创意来源,同时也是景区的核心文化资源。

舞台表演节目是景区的核心产品,也是非遗传承的表现形式。通过有效的编排与演练,结合相应的技术手段,一个舞台表演节目能够在短时间内集中带给旅游者一场别开生面的文化盛宴,极具震撼效果。非遗资源通过舞台表演这一形式展现出来,成为景区吸引旅游者的重要旅游产品,在丰富旅游活动的同时还能创造较大的经济效益。

(二)文化空间再造模式

传统技艺类的非遗资源较明显的特征就是通过技艺的使用能够制作出相应的实物。现有的旅游开发方式包括静态博物馆展示型、文化研习班型、特色街区(村落)型、旅游商品型。综合各种旅游表现形式,从促进文化的传承保护与旅游特色开发两方面考虑,以枝江步步升布鞋文化村为研究对象,归纳总结出文化空间再造模式(见图5-6)。

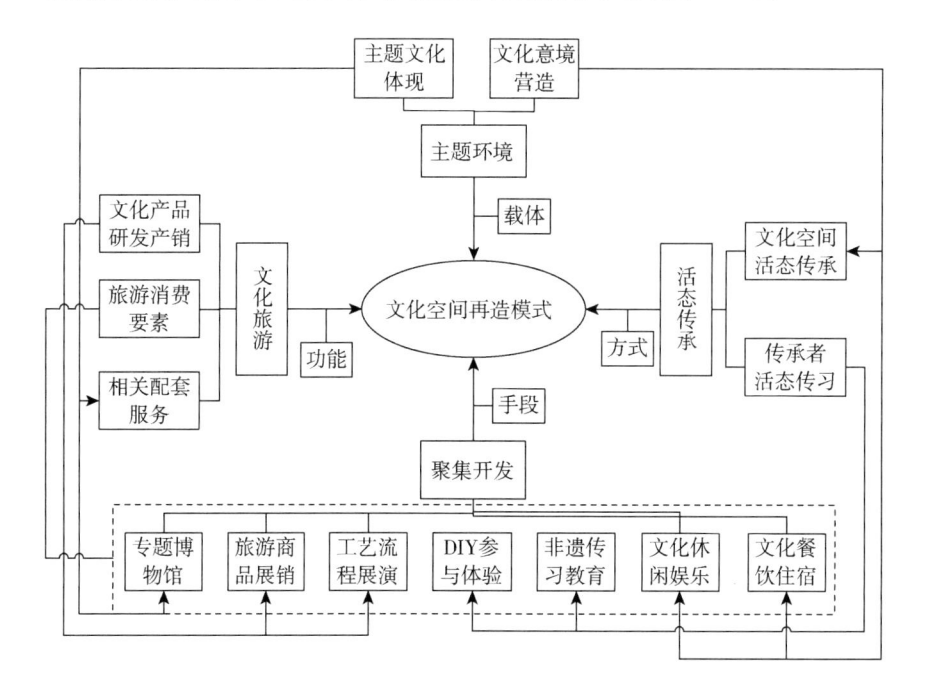

图5-6 传统技艺类非遗的文化空间再造模式

以主题环境为载体。文化空间再造模式下,通常需要围绕文化核心,赋予文化空间规划布局、建筑设计、景观设计、标志系统、商铺的布置等相应的文化元素内容;通过整体规划营造一个再造的主题环境，也就成了非遗旅游开发的载体。

以文化旅游为功能。在再造的主题环境下，各项活动都体现了旅游消费要素功能和配套服务功能。旅游消费要素主要包括吃特色文化食品、住特色文化酒店、体验特色文化休闲项目、购特色文化商品等。总的来说，游客可以在主题文化空间内实现多方面的基本生活消费需求，同时又凸显了各项活动的文化旅游功能。

以活态传承为方式。传统技艺类非遗离不开传承人的言传身教。通过文化空间再造模式，为传承人提供了有效的传习空间。同时，通过文化空间的建设，与非遗相共生的文化空间得到了活态保护。

以聚集开发为手段。通过主题环境的打造，以文化旅游为功能，形成一个具备多项生活生产条件的生活服务设施，通过饮食、住宿、娱乐、休闲等功能配套实现聚集开发，在集中体现文化的同时，实现了文化旅游与社区的有效融合。促进非遗的保护与传承，同时还能达到本土就业与致富的目的。

（三）文化场景演绎模式

文学作品类的非遗资源主要特点是文学性强，多以文字记载、图画、口头传述等形式表现，具有故事性强、想象空间大、神话色彩浓厚的特点。其在旅游开发过程中，主要的表现形式有书籍、影音资料、表演、影视剧开发、主题性文化场景演绎等方式。本书从对旅游者的影响程度、文化还原度高低、文化利用深度等方面，结合现有的开发模式，提出文化场景演绎模式。

以特色突出的主题文化空间为载体。文化场景演绎模式的重点在于以一个集中的手段和形式，通过合理的空间布局和功能分区，打造一个文化特点突出、主题性明显的文化场景集合区，从而再现人们想象中的场景，将虚幻的文化通过仿真的空间载体表现出来。

以系列文化体验为功能。建筑是静态的文化展示，建筑内各项旅

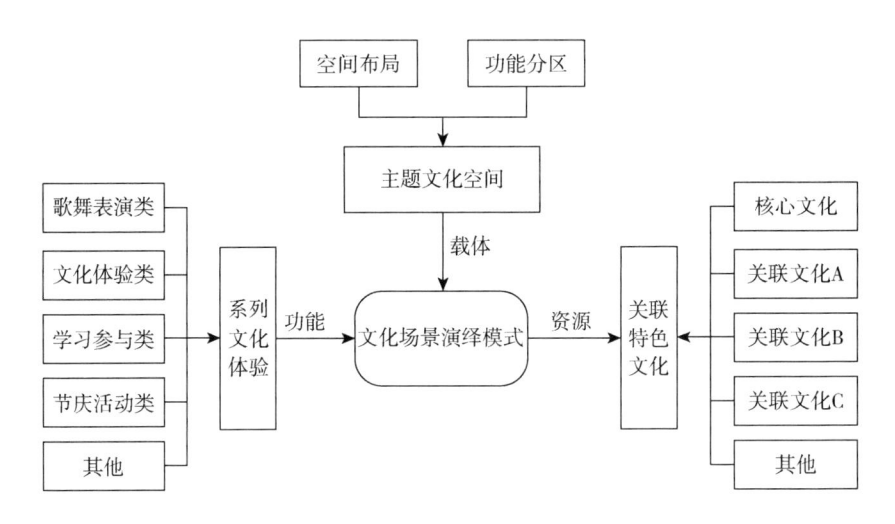

图 5-7　文学作品类非遗的文化场景演绎模式

游项目则是文化及相关文化的活态展示。在相应的主题文化空间内，就需要通过结合相应的空间布局与功能分区设置相应的旅游活动项目，提高游客的参与性和体验性，充分发挥旅游项目的文化体验功能，让游客更直观有效地体验非遗内容。

以关联特色文化为演绎。通常文学作品类非遗吸引人们的魅力在于它主要是存在于人们的想象之中。人们会结合各自的文化背景、知识水平、心理诉求等多方面的因素对文化产生不同的想象。这一过程通常是核心文化与其他文化相互交融与影响形成的。而且非遗在创作之初到繁荣发展都受到历史和地理等多方面的影响，也必然与其他文化有所关联。所以无论是从非遗本身来看，还是从旅游者的文化诉求来说，与非遗相关的典型文化都是可利用的优秀资源。

（四）特色节庆活动模式

传统习俗类文化资源通常是一个国家、地区、民族千百年来约定俗成的特色性的活动。目前在旅游开发中的应用主要是举办节庆活动。根据民俗类非遗的影响程度、受众范围、特色化程度及具体的文化内容可以分为一般性的节庆活动、特色性的节庆活动。从旅游开发对相关习俗类非遗资源的利用来看，结合习俗本身的可利用程度与范围，将这一类非遗的开发模式归纳为特色节庆活动模式（见图5-8）。

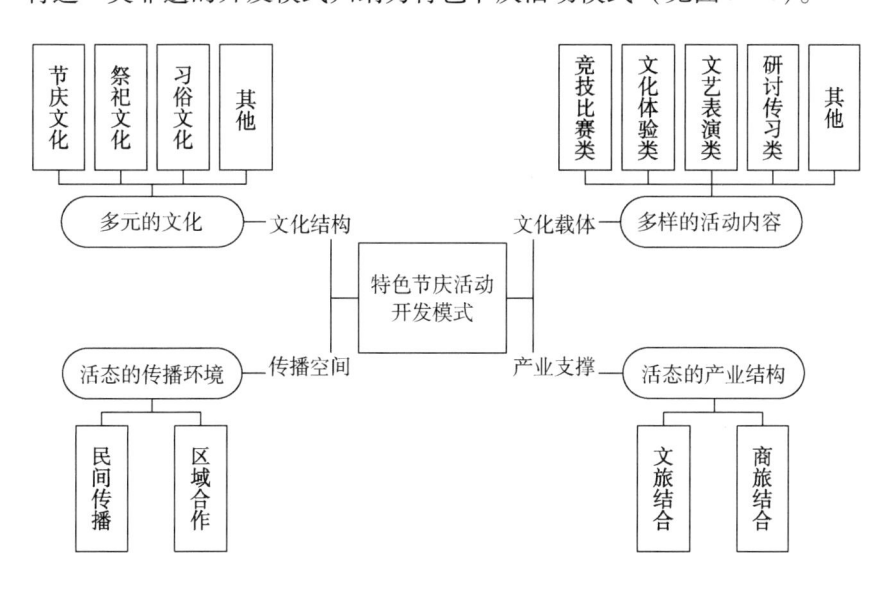

图5-8 传统习俗类非遗的特色节庆活动模式

以形式多样的文化活动为载体。无形的非遗知识难以通过短时间的视觉效果带给游客深层次的认识。因此需要通过各种活动的打造和再现，将其更形象具体地表现出来。同时不同的非遗资源有不同的特点，一个节庆或是民俗的产生体现更多的是一个民族或是区域对某种文化的信仰与尊敬，因此通常会通过表演、祭祀、集会等多种活动表现出来，也就会以多种多样的文化活动作为非遗旅游开发的载体。

以活态的环境为传播空间。节庆、风俗类文化资源比较突出的特点就是具有较广的影响和受众范围。通常情况下一个节庆或者风俗的影响群体具有大众性，所影响的范围也比较广。因此特色节庆活动开发模式主要是以一个文化地域为核心，多个地域联动发展，加上非遗在民众中的广泛影响力，形成了以活态环境为主的文化传播空间。

以多元的文化内涵为结构。一个特色节庆活动的举办,通常包括劳作习俗、饮食文化、节日文化、服饰文化、地方风俗文化等多方面的文化内涵。多元的文化内涵是特色节庆活动开展以及各项节庆活动形成的基础,同时合理的文化结构是由相互联系的文化内涵组成。通过多元的文化可以更全面、更生动地展现节庆文化的本质。

以多元的业态为产业支撑。通过多元的产业支撑能够促进节庆活动的商业化运作,扩大文化的影响力。通过特色节庆活动,有效地整合文化产业与旅游业、旅游业与制造业,实现文化的多领域渗透。通过产业的整合发展,既为文化的传播拓展传播渠道,又可以增加商品的文化含量,提升商品的文化附加值,实现文化效益与经济效益的双丰收。

二 非遗旅游开发模式比较

通过对相关典型案例研究,基于不同类型的非遗资源,不同开发模式在旅游开发过程中的具体运用也各不相同,因此所包含的旅游产品内容也各具特色。本书在案例分析的基础上总结出相应模式,并从开发条件、开发手段、表现形式、产品内容等方面进行对比分析(见表5-10)。

表5-10　　　　　　　非遗产旅游开发模式比较分析

开发模式	开发条件	开发手段	表现形式	产品内容
生境舞台表演模式	表演者、表演道具和器材、技术及资金	舞台节目设计	节目演出等	表演剧目、旅游商品
文化空间再造模式	传承人、文化传承空间、资金与技术	文化空间打造	主题街区、主题村落、主题城镇等	旅游商品、特色饮食、特色住宿、主题文化展览馆等

续表

开发模式	开发条件	开发手段	表现形式	产品内容
文化场景演绎模式	文化素材、文化空间、资金与技术	文化场景设置	文化主题公园	主题博物馆、文化演艺项目、旅游商品、文化旅游体验项目
特色节庆活动模式	活动场地、活动参与者、资金与技术	节庆活动安排	特色性节庆活动	特色节庆仪式、文化展演活动、旅游商品

（一）开发条件比较

生境舞台表演模式所依赖的非遗资源主要包括音乐、舞蹈、戏曲等，它们需通过表演形式展现出来，同时还需要专业人员利用特定的服装、乐器等道具通过有效表演才能完美地展现，尤其需要专业的传承人有效地传承。资金耗费方面，不同的表现形式耗费也不同，主要根据投入人员、技术设备、舞台设计等需要确定资金投入；相关的保障措施方面，主要是相关政策的扶持和技术层面的支持，包括土地政策、资金政策等，技术投入的多少也是根据舞台节目规模的大小和技术要求高低决定；对于文化的了解程度方面，舞台表演模式要求旅游者一般了解即可，主要是通过表演的形式加深旅游者的认知。

文化空间再造模式针对的主要是传统技艺，包括手工艺、美术、医药等，这类非遗资源必须通过传承人的示范操作表现出来。根据文化空间再造的规模来看，资金投入主要包括空间的打造、传承人的言传身教、传承者的教学、原材料的购买等，一般来说资金投入较大；相应的旅游者要有一定的了解，甚至有的旅游者还有比较浓厚的学习兴趣。

文化场景演绎模式针对的主要是文学作品，包括民间故事、传说等。这类资源大多以书籍、文献、书画作品呈现。需要较多的资金在一定的自然环境下再造相应的场景，资金投入也较大；为了保证此种开发模式形成的旅游产品既能有效地保护非遗资源，又能实现经济效益，因此需要旅游者对非遗资源有较深的了解，即需要提高大众对非遗资源的熟知度。

特色节庆活动模式依赖的文化资源包括传统节日、地方风俗、少数民族风俗等，主要发生在特定的时间和相对特定的地点，绝大多数具有相对固定的节日仪式和活动内容；资金投入方面，主要包括相关场地的搭建、活动的组织费用等，投入金额与活动规模和持续时间相关，通常规模越大，时间越长，资金投入越高；保障措施方面，主要包括政府的组织宣传，企业和民众参与，对技术保障措施的要求不是特别高；由于有的节庆活动含有特殊的纪念意义和民俗禁忌，因此要求旅游者有较深入的了解和认知。

（二）开发手段比较

生境舞台表演模式主要针对的是具有表演性质的非遗资源，其主要开发手段是组织编排相应的舞台表演节目。节目内容、表演形式、舞台大小、参与人员依据非遗资源本身的特点和开发者所要达到的效果而异。

文化空间再造模式针对手工艺类、美术、医药类的非遗资源，这类非遗资源离不开相关传承人、学习者通过现场制作展现出来，因此需要具备足够的展示空间，便于文化的更好呈现和旅游者的深入了解。因此其主要开发手段是基于有一定文化基础的地域空间打造一个社区融入程度较高、文化展示水平较完整、文化氛围浓厚的文化空间。

文化场景演绎模式针对的是传说、故事等文学作品类非遗资源，主要是需要把人们想象中的文字记载或者是口头流传的非遗资源化虚为实。其主要开发手段是结合语言描述和文字或者绘画作品再现故事传说。通常选择合适的地方依据某一影响力比较大、知名度比较高的作品为蓝本，重现非遗场景。

特色节庆活动模式针对的主要是民俗类非遗资源，往往具有一定的受众范围，有着约定俗成的举办时间和活动形式。其主要开发手段是定期举办、有一定规模、在时间上有连续性的节庆活动。

(三) 表现形式比较

生境舞台表演模式以固定的节目演出为主要表现形式，同时，舞台表演所需要的服饰、表演器具、舞台，以及表演者的舞台表现都呈现在旅游者的面前，因此也是重要的文化表现形式。同时可能会吸引一定数量的文化爱好者参与学习，所形成的学习兴趣班也是重要的表现形式。

文化空间再造模式根据开发的地域基础以及空间大小，一般可以分为主题村落、主题街区、主题公园等表现形式。在这一模式下，主要是围绕某一非遗资源，开发出具有相应的食住行游购娱等全方位的文化服务，既是一个非遗文化的展现空间，也是当地居民日常生活的空间。

文化场景演绎模式的主要表现形式是文化主题公园，园区内集中体现文化内容，所有的设施、活动、园区内容围绕统一文化核心，通过多种形式，让旅游者在短时间内了解相关非遗文化。

特色节庆活动模式的主要表现形式是相应的节日活动，包括特殊的节日仪式、娱乐活动、参与人员等。这一节日活动往往内容丰富、参与者较多、影响力大，一般以年度为周期定期举办。

(四) 产品内容比较

生境舞台表演模式的产品主要是表演剧目。同时相应的影像资料、服饰装扮、表演器具也会形成旅游商品，为相关兴趣爱好者提供的学习班等也成为这一模式下的衍生旅游产品。

文化空间再造模式下的产品主要包括主题文化展览馆、特色饮食、旅游商品、特色住宿、文娱保健、街区观光等，整个文化空间构成了一个复合型的文化产品。

文化场景演绎模式主要依托主题公园，整个园区的风景、主题文化展览馆、体验项目以及相应的旅游商品等是这一开发模式下的主要文化旅游产品。

特色节庆活动模式下的主要产品是特色节庆仪式、游客参与性活动、旅游商品、文化展演活动等。

三 开发模式的选择

在遵循保护与开发、地域性与特色性、参与性与体验性、原真性与完整性原则前提下，针对模式选择的条件分析，通过特定的阶段完成模式选择。其中，模式选取条件分析包括以下四个方面。

1. 开发利用的资源是基础

在已经公布的国家级非遗名录中，被旅游开发利用的仅占少部分。从名录内容来看，开发难度大小、大众熟知度、开发基础等是影响某一项非遗资源能否进行旅游开发的关键。因此在选择相应的开发模式之前，应当以可开发利用的非遗资源为基础，匹配相应的开发模式，合理有效地进行旅游开发。

2. 较成熟的旅游地是依托

非物质文化遗产资源的非物质性决定其传承与发展需要依托相应的文化空间。一个成熟的旅游地既可以是一个景区，也可以是一个旅游目的地，其基本特点是具备特定的文化特质，有一定的知名度，对游客有较强的旅游吸引力，具备较完善的旅游服务设施。因此以成熟的旅游地为依托能够有效地实现模式的应用与推广，最终实现非遗的传承与发展。

3. 充足的市场需求是导向

非遗的旅游开发一方面是为了促进非遗的有效传承，另一方面也是通过旅游开发的方式实现非遗的经济效益。要想充分地实现其经济效益，要求掌握旅游者的兴趣点和消费偏好，以市场需求为导向，结合相应的非遗资源选择合理的开发模式，开发相应的旅游产品。

4. 相应的技术支持和政策是支撑

采用当代先进的科学技术能够将文化的本质通过多途径、全方位、更生动、更形象的方式展现在旅游者的面前。因此需要采用合适的技术手段保证非遗资源更好地展示出来，也能提高旅游产品的吸引力；同时政府相关部门也需要通过提供资金、土地、宣传等方面的政策支撑推动开发模式的运用与实施。

不同类型的非遗资源适用不同的开发模式，因此非遗旅游的开发模式在具体的应用与选择中要通过合适的选择方法，确保非遗开发模式应用的正确性与合理性，保证非遗资源得到有效的利用，实现非遗在旅游开发中的保护与传承。开发模式选择包含以下四个阶段（见图5-9）。

本书采取分析—选择—实施—评估四步选择法，从开发模式选择前的基础分析、开发模式的选择、开发模式的具体实施以及开发模式应用效果的评估四个方面，探讨开发模式具体应用过程中的问题，从而保证非遗开发模式选择的正确性。

阶段一：分析阶段

这一阶段主要包括文化资源特色分析、市场需求分析、旅游开发现状分析。通过对相关非遗资源的调查分析，对于旅游开发难度较大的非遗资源，采用传统的保护性措施进行保护；对可进行旅游开发的非遗资源，通过分析资源特色了解其分类及开发过程中应注意的问题，通过分析市场需求了解旅游者对文化的认知度及渴望程度，从而为旅

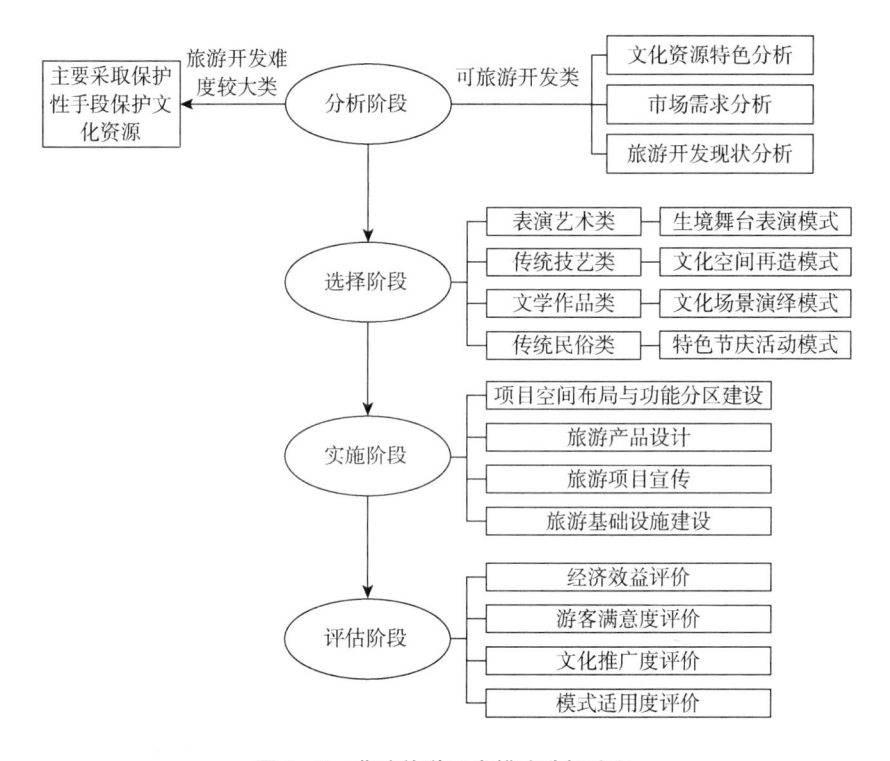

```
                                              ┌──────────────────┐
                            ┌──────────────┐  │ 文化资源特色分析 │
┌──────────┐  旅游开发难   │              │  ├──────────────────┤
│主要采取保护│  度较大类    │   分析阶段   │可旅游开发类│ 市场需求分析 │
│性手段保护文├─────────────┤              ├───────────┤              │
│  化资源   │              │              │  │ 旅游开发现状分析 │
└──────────┘              └──────┬───────┘  └──────────────────┘
                                  │
                                  ▼
                          ┌──────────────┐   ┌──────────┐  ┌──────────────┐
                          │              │──▶│表演艺术类│─▶│生境舞台表演模式│
                          │              │   ├──────────┤  ├──────────────┤
                          │   选择阶段   │──▶│传统技艺类│─▶│文化空间再造模式│
                          │              │   ├──────────┤  ├──────────────┤
                          │              │──▶│文学作品类│─▶│文化场景演绎模式│
                          │              │   ├──────────┤  ├──────────────┤
                          │              │──▶│传统民俗类│─▶│特色节庆活动模式│
                          └──────┬───────┘   └──────────┘  └──────────────┘
                                  │
                                  ▼
                          ┌──────────────┐   ┌────────────────────────┐
                          │              │──▶│项目空间布局与功能分区建设│
                          │              │   ├────────────────────────┤
                          │   实施阶段   │──▶│      旅游产品设计       │
                          │              │   ├────────────────────────┤
                          │              │──▶│      旅游项目宣传       │
                          │              │   ├────────────────────────┤
                          │              │──▶│    旅游基础设施建设     │
                          └──────┬───────┘   └────────────────────────┘
                                  │
                                  ▼
                          ┌──────────────┐   ┌──────────────┐
                          │              │──▶│  经济效益评价 │
                          │              │   ├──────────────┤
                          │   评估阶段   │──▶│ 游客满意度评价│
                          │              │   ├──────────────┤
                          │              │──▶│  文化推广度评价│
                          │              │   ├──────────────┤
                          │              │──▶│  模式适用度评价│
                          └──────────────┘   └──────────────┘
```

图 5-9　非遗旅游开发模式选择流程

游开发决策提供依据；通过分析旅游开发现状可以了解其目前的旅游开发程度和已有的开发基础。

阶段二：选择阶段

这一阶段主要是结合分析结果，根据非遗资源色进行分类，在已有的开发条件基础上，结合分类选取合适的开发模式，包括选择可开发的非遗资源、开发手段、表现形式等。同时选择阶段应包含多个步骤。首先要围绕核心资源，结合特色选择具体的开发模式，同时对同一地域范围内相关的文化资源也可以加以整合利用；其次，选择相应的开发模式后，还要结合开发现状和资源特色进一步分析，进而选择相应的具体表现形式和开发手段，设计合适的旅游产品内容。

阶段三：实施阶段

这一阶段是在阶段一和阶段二的基础上，实现开发模式具体的操作过程。在相关开发模式的指导下，围绕非遗资源特色，进行相应的空间布局，进行合理的功能分区，开发吸引力强的旅游产品内容，形成独特的文化旅游地；同时完善相应的旅游基础设施建设，保证旅游活动的顺利开展，为旅游者提供便利的旅游条件；除此之外，结合现代媒体传播方式，加大旅游项目的宣传，多途径、多内容地介绍文化旅游项目，向外界传递更多的旅游信息，提高旅游项目的知名度。

阶段四：评估阶段

这一阶段主要是对旅游项目投入运营后的效果作出评价。通过分析旅游活动带来的经济效益，了解文化的经济价值实现程度；通过对游客满意度的调查分析，了解文化产品开发的合理性和对游客吸引程度的大小，以及产品存在的问题与改进之处；通过对文化推广度的调查，可以分析旅游开发对文化的推广效应的强弱；同时还要进一步分析目前的旅游开发模式对非遗资源的适用度，既包括文化保护程度与推广程度，也包括开发模式的实现程度。总之，在这一阶段主要通过经济效益、文化效益、社会效益的综合分析，得出开发模式的合理性及其对文化的保护传承的具体效果。并将分析结果用于对模式的改进与完善，提高旅游开发模式与非遗保护传承的契合度。

第六章　非遗旅游商品开发研究

特色鲜明的旅游商品不仅可以吸引更多旅游者，也可以丰富游览活动，还能提升非遗的文化感染力和影响力，实现非遗的经济化转化。因此，旅游商品开发作为非遗旅游开发的重要方式，也是将活态的非遗资源转化成为可消费、可购买的物化商品的重要途径。

第一节　旅游商品的表意与符号价值

旅游商品尤其是非遗类旅游商品是一种特殊的商品，往往具有极强的文化属性和商品属性，具备多重符号价值，成为旅游地的媒介和文化的传承者，对非遗保护传承具有积极的推动作用。

一　旅游商品符号的双层表意结构

游客购买旅游商品的过程实际上是游客对旅游商品符号解读的过程。瑞士语言学家 Ferdinand de Saussure 指出，符号（sign）由能指（词汇）和所指（内容）两部分组成，能指（signifier）是符号形式，是由物质、行为或表象载体所充当的对符号意义的指称或指向，较为确定，又称"明示"；所指（signified）即符号内容，也就是符号所传达的内在意义，意义是通过符号载体来提示、显示和表达，不太确定，又称"隐含"[①]。旅游符号学研究范式代表人物之一的 Graburn 倡导用符号学以及符号人类学的方法，对符号、标志、象征、民间传说、神话、规则、诗词、广告宣传、私人摄影和明信片、商业化旅游纪念品、游记与历史记录等"文化文本"进行"解构分析"，以期揭示意义解构、文化解构及其变化的过程和规律[②]。运用 Barthes 的文化符号学对旅游商品进行研究，可以发现旅游商品也有这样的双层表意结构（如图 6-1）。

1.能指	2.所指	a.能指	b.所指	第一符号系统
3.符号（有形商品）		c.符号（行为模式）		
A.能指		B.所指		第二符号系统
C.符号（旅游商品）				

图 6-1　旅游商品的符号表意结构

一般来说，除旅游者心理或行为模式符号之外，有形商品符号也具备完整的符号结构，而其中的构成元素则为第一层面表意结构中的能指和所指。有形商品的物质载体（能指）和有形商品的文化元素（所指）构成了有形商品的符号；旅游者的某种心理或行为模式（能指）以及该行为模式的意义（所指）构成了旅游者心理或行为模式符号[③]。旅游商品符号的第二层面表意结构则由有形商品符号（旅游商

[①] Ferdinand de Saussure：《普通语言学教程》，高名凯译，商务印书馆1996年版。
[②] 肖红根：《对旅游社会学理论体系研究的认识——兼评国外旅游社会学研究动态》（上），《旅游学刊》2001年第6期。
[③] Ronala Barthes：《符号学原理》，李幼蒸译，中国人民大学出版社2008年版，第55—58页。

品符号的能指）和旅游者心理或行为模式符号（旅游商品符号的所指）在旅游商品符号化过程中相互联系而构成（见图6-2）。

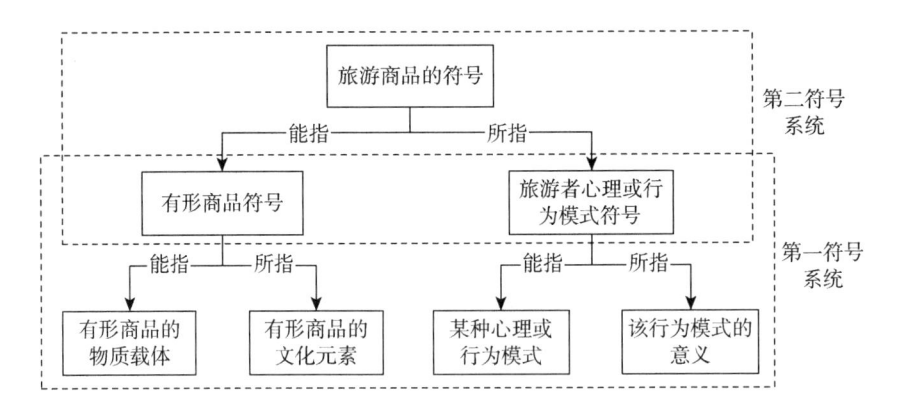

图6-2 旅游商品的符号表现结构

（一）旅游商品符号的能指

有形商品符号作为旅游商品符号的能指，其本身也具有完整的符号结构，其所指为商品的文化元素。鉴于旅游商品表现出的特殊性，其文化元素映射出旅游地所存在的文化元素（包括非遗的文化符号），旅游者在购买旅游商品时，很大程度上是出于其文化纪念价值。所以作为旅游商品，有形商品符号的所指，即有形商品的文化元素，能更深层次地指代旅游地文化符号，也称之为"涵指"。

旅游地文化符号是旅游客体的文化意义。如屈原故里秭归，作为旅游地，代表了一种爱国文化，一种怀古的情怀。游客选择购买旅游商品，更多的是与旅游地文化产生共鸣。旅游商品作为具有符号价值的商品，其符号价值高于使用价值及交换价值，它承载着当地的文化内涵。游客购买旅游商品用于纪念的是在旅游地的时光和情感。旅游商品与旅游地的文化是一脉相承的，所以旅游商品符号的能指是有形商品的符号，有形商品符号的所指是有形商品的文化元素，进而可以涵指旅游地所蕴涵的文化符号。

（二）旅游商品符号的所指

旅游商品符号所指表现为旅游者心理或行为模式符号。这种行为模式也是有其能指和所指的，例如游客购买一件旅游商品，能指的就是这种简单的购买行为，而所指的是游客表现出的喜爱，喜爱这件旅游商品传达的文化内在精神。在游客与旅游商品产生某种心理及行为活动中，表现的是游客对旅游商品所具有的地方感的一种情感互动或是地方认同，所以旅游商品符号的所指就是旅游者心理或是行为模式符号。

二 旅游商品符号价值的双重性

让·鲍德里亚提出了"符号价值"概念，是指符号组成的物体系[①]。旅游商品的符号价值从旅游者的角度讲，是游客对符号化的旅游商品表现出的地方符号的一种情感的互动或是地方认同；从旅游地的角度讲，是旅游商品的符号所带来的旅游地营销以及氛围的营造等。

（一）针对旅游者的符号价值

旅游商品能表达游客的自我需要及情感表现。商品的符号化并不是偶然的现象，而是在社会经济发展的过程中必然会出现的产物。马斯洛的基本需要层次理论告诉我们，当人的温饱问题得到解决，自然而然会追求自我实现的需要，而商品呈现出的不同符号能帮助人满足其对自己不同定位的塑造，如虔诚向佛的人会去佛教圣地旅游，向往安逸慵懒的人也许会想去古城或乡村旅行。这种自我定位的外在表现在旅游者处于绝大多数人不熟悉他的异地时更加明显，游客在购买时

---

① ［法］让·鲍德里亚：《物体系》，林志明译，上海人民出版社2001年版，第222—223页。

会更加直观地显现出其审美品位和生活品质,如想要标榜自己身份尊贵的游客会购买贵重的玉石或者书简等,想要显示自己时尚品位的游客会购买富有特色的小工艺品。这些都是符号化的旅游商品带来的额外价值。

(二) 针对旅游地的符号价值

旅游商品符号能指的是有形商品符号,有形商品符号涵指的是旅游地的文化符号,这种文化符号在陈设过程中对旅游地文化元素有增强效果,在展示了旅游地文化的同时,也是一种旅游氛围的营造以及潜移默化的营销宣传。旅游商品符号所指的是旅游者心理或行为模式符号。当游客发生购买、珍藏、赠送等心理或行为模式时,显示的是他们对旅游地文化元素的一种情感互动以及对旅游地的地方认同。旅游商品因承载了旅游地文化元素而具备了特殊的符号价值,其使用价值与交换价值也身价倍增。

(三) 符号价值的双重表现

上述研究表明,包括非遗在内的旅游商品开发具有功能性和情感性双重特征(详见图6-3),这在非遗旅游商品开发中要引起重视。

从旅游地的角度看,旅游商品在销售期间,展现的是旅游地的文化,是旅游商品的符号价值在使用价值层面的一种体现,属于其功能性的一部分;从旅游者的角度看,他们对旅游商品的购买、赏玩、珍藏或是赠送给亲朋好友的行为,是旅游商品的符号价值在交换价值中的一种体现,是其功能性的另一部分。旅游商品在旅游地的展示及销售,会产生对旅游地文化氛围的一种营造,是对旅游地旅游文化及旅游品牌的一种营销宣传,是对已在或者潜在旅游者的一种情感熏陶,是旅游商品符号价值情感性的一种体现;游客与旅游商品符号所呈现的旅游地的文化内涵产生的情感互动及对旅游地的文化认同感是旅游商品符号价值情感性的另一种体现。

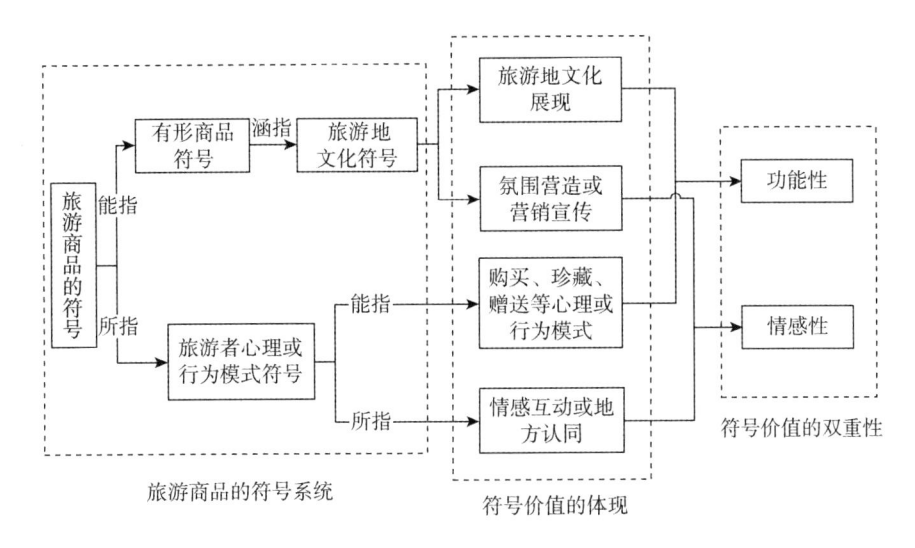

图 6-3 旅游商品符号价值的双重性

第二节 旅游商品的符号价值与地方感关系

旅游商品符号价值呈现出功能性和情感性的双重特性，其地方感针对游客及旅游地具有二元性，二者之间相互结合可以构成完整的符号体系，共同组成旅游商品的特色文化基因。

一 旅游商品地方感的二元性

在旅游活动中，地方感所承载的地方文化、地方依附、地方认同会通过旅游商品的展示、消费及交换等过程进行渗透式的传达。旅游商品也在展示、分享的过程中，配以地道生动的解说，展现了其鲜活的地方符号。在旅游地文化的熏陶之下，人与地方的情感都得到了更深层次的诠释。同时，在这个过程中，旅游者扮演寻求旅游体验的主体，身处旅游地中旅游者游览及参与的对象是客体，旅游商品作为一种媒介对于旅游者和旅游地有着不一样的意义。旅游者从自身的角度去观察旅游商品的符号并能试着感受或认同其内容与意义。旅游商品的地方感对于旅游地、旅游者是具有二元性的，如图6-4所示。

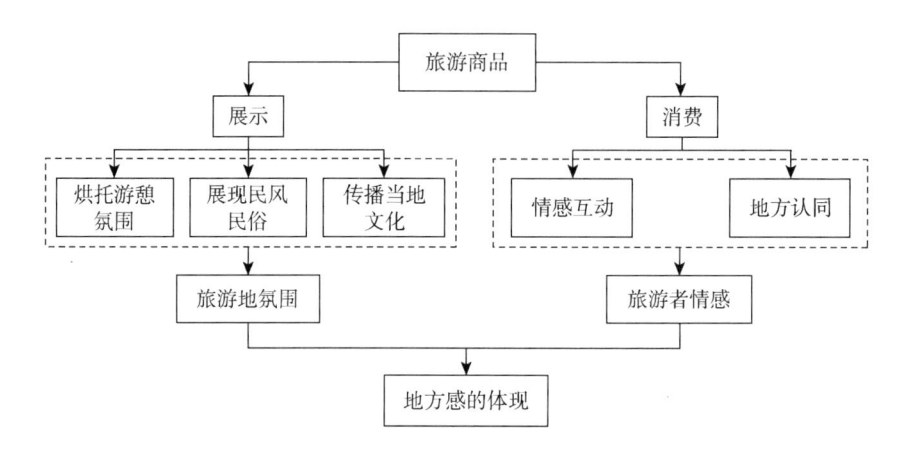

图6-4 旅游商品地方感的二元性

（一）旅游地氛围营造

旅游者对某个旅游地文化底蕴的感知和认同，需要经过生理和心理两个历程。从生理上，旅游者通过各种感官获得对旅游地的直观感受，进而经过心理上的加工形成一个关于旅游地的地方感。在旅游者对旅游地感情建立的过程中，旅游地的氛围就产生了深刻的影响。而旅游商品对于旅游地游憩、民风民俗、文化传播的氛围都起到了一定的烘托效果。

旅游商品对旅游地氛围的烘托是不可忽视的，它的文化符号与旅游地的文化相互辉映。有游客这么讲，每当看到旅游商品售卖点越来越密集的时候，就知道离景点越来越近了。这说明旅游商品是旅游地不可分割的一部分，对于爱好购物的旅游者来说，旅游商品更是必不可少的风景线。地方特色是一个地方的历史积淀，是地域特征和风土人情的结合，旅游商品物化了一个地方的文化，清晰、直接地传递给了旅游者，而旅游者通过购买、分享等又可以将他对某地的地方认同传递给潜在游客。在这种情况下，旅游商品便又充当了文化的传播媒介。

（二）旅游者情感表达

现代营销学之父菲利普·科特勒（Philip Kotler）提出过产品的三个时代，第一个时代是量的时代，生产的产品越多越有优势；在社会人均生活水平不断提高的阶段，大家开始关注产品的质量，这时促发了产品的第二个时代到来，即质的时代；随着物质水平的提升，人们便开始关注精神需求，这时便开启了产品的第三个时代——情感时代[①]。

若将旅游者与旅游商品之间的情感互动看作一台节目，那么地方感及地方认同层面的构建则是以旅游者作为"观众"的第一视角，而旅游商品承载的文化符号则是"讲述者"。旅游商品在"舞台"上讲述地方生活、习俗、文化等不可复制的地方情感时，向旅游者传达出的是"讲述者"的地方感。旅游者在通过旅游商品这个"讲述者"及"讲述者"与地方之间的联结，来更深地感受与旅游地的感情脉络，或是融入其中进而产生感情的投射，认同甚至向往这种地方感。因而，作为"观众"的旅游者能与作为"讲述者"的旅游商品产生情感上的互动。

旅游者喜欢前往异地旅游，可以理解为旅游者在对某个地方的地方感的想象进行弥补。观察承载着旅游地文化符号的旅游商品，例如在研读秭归屈原作品的书简时，旅游者是认同屈子的一颗爱国丹心；在把玩西安兵马俑的模型时，旅游者看到了那段时光掩藏的恢宏历史；在分享成都的川剧变脸玩具时，旅游者感悟了中华泱泱大国的国粹；从与蜀绣的邂逅中，旅游者也许爱上了那一段天府之国的静谧。每一

---

① Philip Kotler, Kevin Lane Keller：《管理营销》（第十二版），梅清豪译，上海人民出版社2006年版。

个地方,每一个符号,每一段文化,在旅游者看来,都是旅游商品的独白,但在观赏的过程中,旅游者会潜移默化地与旅游商品承载的文化相互映照,来感受一个地方、一种文化或是一种风俗,进而从内心衍生出对旅游地的情感认知和认同。

二 旅游商品开发的互利共生关系

在生态学上,互利共生用来形容生物间的一种相互关系,指不同物种的个体在相互独立时能正常地生存,但若生活在一起后,会相互促进相互受益。如果说旅游商品是一个生态圈,那么地方感与符号价值组合在一起,正是相互促进相互受益的关系。旅游商品中那些被消费的符号价值属于鲍德里亚笔下名副其实的符号价值。旅游商品的符号表现为符号价值的双重性,与旅游商品地方感的二元性有一定的内在关系,这种关系即为互利共生。对于旅游商品的符号价值与地方感的互利共生关系建构如图6-5所示。

旅游商品的符号价值产生于其符合价值的展示与消费两个环节,具有同时性。前文分析了旅游商品的展示过程对旅游地起到了烘托游憩氛围、展现民风民俗、传播当地文化的作用,旅游商品符号涵指的是旅游地文化符号;而在消费过程中游客与旅游商品产生了情感互动及地方认同,旅游商品符号的涵指是旅游者心理或行为模式符号。

首先,旅游者在旅程开始前已具有了对旅游地的印象,产生了对旅游地符号的初步认知;其次,在到达旅游地后,对旅游地的符号有了更具体的认知;最后,旅游者对旅游地的地方感有了地方认同之后,对旅游商品就可能产生消费活动。正如秭归屈原故里的游客,在对当地的端午节习俗有了一定的认知之后,观赏及观察非物质文化遗产类的旅游商品艾叶香包时,在心理及情感两方面将产生互动。旅游者的

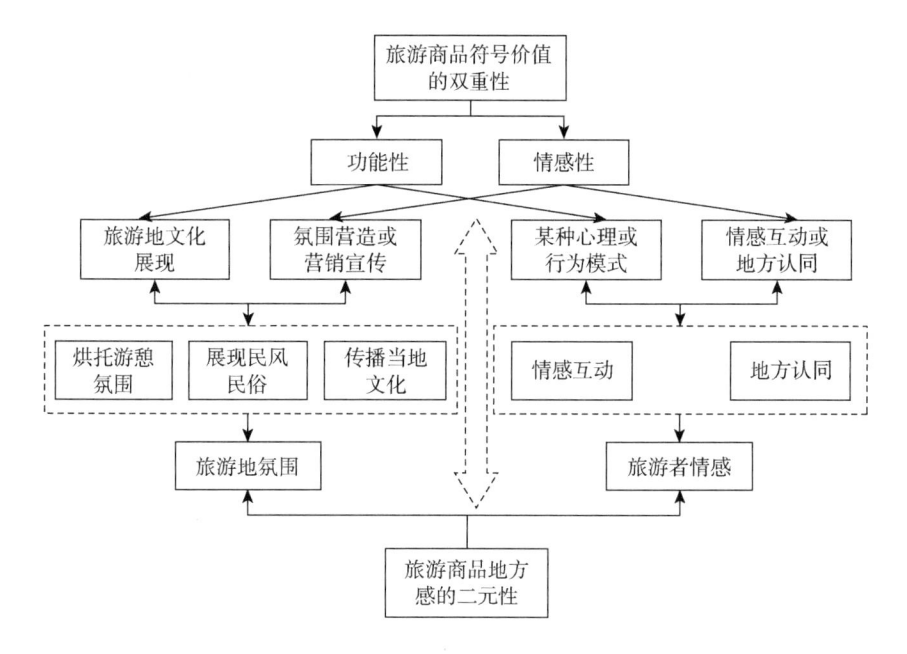

图 6-5 旅游商品开发的互利共生关系

地方认同及个性化的需求会引导产生购买、珍藏或者赠送等行为模式，而这种行为模式则展现了旅游者对旅游商品所承载的符号的爱好及认同。在这个过程中，旅游商品的符号价值体现在旅游地的地方感构建以及旅游者个体的意义上。

旅游商品的价值在使用价值和交换价值的基础上，还具有符号价值的特性，呈现出双层表意结构。对于旅游商品来说，符号价值表现为功能性和情感性的双重特征，这样的双重特征与旅游商品地方感的二元性具有一定的内在联系。因此旅游者对符号价值的肯定也就在一定程度上表现为对旅游地地方感的认同。旅游商品是一种特殊的商品，商品符号代表的价值大小不是取决于其本身固有的物质属性，而是取决于它本身的文化符号以及旅游者对旅游商品地方感的感知及认同。因此在非遗旅游商品的开发过程中，地方感开发是一个被赋予符号价值的重要过程，应当突出自身的文化特色。

第三节　基于互利共生的旅游商品地方感开发方式

剖析了符号价值与地方感在旅游商品开发中的互利共生关系，能将宏观的理论探讨转化为落地的实际操作。在旅游商品创新的开发设计过程中，进行地方符号赋予，有利于较好地解决旅游地整体旅游商品风格定位的问题。同时，也有利于从旅游商品上感知旅游地的文化符号，从而建立或是巩固对旅游地的地方认同。

旅游商品地方感开发方式实际上就是对旅游地地域文化的识别提炼，利用符号元素对旅游者及当地居民进行地方感培养，最终达到烘托营造游憩氛围、展现及传播旅游地文化、取得旅游者的地方认同的目的（见图 6-6）。

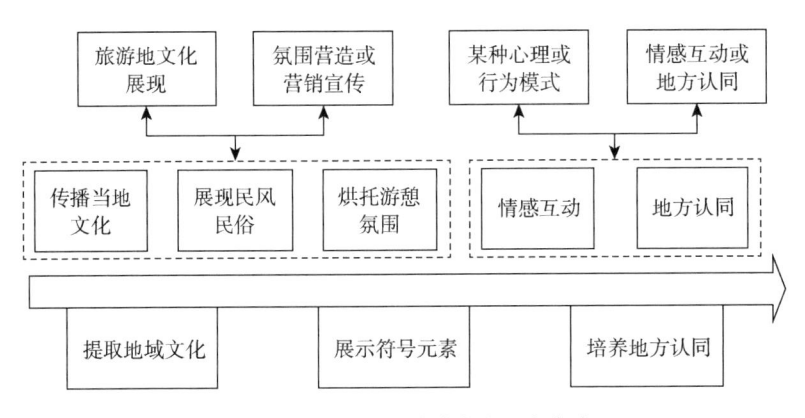

图 6-6　旅游商品的地方感开发方式

旅游地进行旅游商品开发时，一是可以提取地域文化，结合商品实体展示符号元素；二是对于旅游地的地域文化，可以从旅游地的地理特色风光、特色民俗、特色风格、期望打造的目标形象等方面进行提取；三是将提取到的地域文化进行符号化运用，即转化为标志、标准字、标准色、代表形象等易于识别的符号；四是通过旅游商品店陈列以及一系列的营销活动进行形象传播,培养旅游者的地方认同。

一 地域文化的提取

旅游地特有的地域特征和文化特性是旅游商品的核心和灵魂所在,对于商品创意开发具有明显的方向指向,是"地方感"开发最为重要的前提。旅游地地域文化的提取要根据旅游地的共同性事物的特征,提炼出具有感染力和传播效益的文化元素。旅游地的整体风格、旅游特色、民风民俗、价值取向等共同形成其地域文化,一个旅游地的地域文化元素的提取应该有"地脉""文脉""商脉"三个方面的内容做依据。

(一)地脉:非遗的文化空间

旅游资源是一个旅游地的载体,所以要清楚地了解旅游地的资源特色、资源类型、资源分布、资源质量以及资源数量等地域结构,选取标志性的资源作为旅游商品开发利用的依据。对非遗而言,"地脉"就是非遗的文化空间和文化生境。从游客对地方感知的独特性出发,可以从以下几个方面进行细化分析(见表6-1)。

表6-1　　　　　　　　旅游地"地脉"分析

分类	因素
自然因素	地形地貌、气候环境、生物景观等
人文因素	街巷的空间布局、建筑风格、建筑材料、装饰材料、地方标志景观、地方标志符号等

(二)文脉:非遗内涵及传承人

文脉是历史背景、文化遗产、民风民俗等多个方面的组合和长期沉淀。把握"文脉"是分析旅游地形象的重要基础,是塑造旅游商品区别其他商品的重要组成部分。对非遗而言，文脉就是非遗传承人及其传习的遗产内涵。基于旅游者对地方文化的感知、敏感程度、态度等，可以从以下几个方面进行文脉分析（见表6-2）。

表6-2　　　　　　　　　　旅游地文脉分析

分类	因素
文脉内容	神话传说、历史文化、风俗风物、文化特性等
宣传因素	举办的活动、宣传广告、代表人物等

（三）商脉：非遗的符号价值

商脉是指具备特定地域文化符号的旅游商品投入市场，在被市场接纳之后，从商业的途径，构建形成了联系旅游地与游客共同价值的脉络。在商脉形成的过程中，旅游地潜移默化地对潜在市场产生吸引力。对非遗而言，商脉就是非遗的符号价值（包括旅游开发价值）。故而在旅游地地域文化的提取过程中，还要对本地的客源市场进行定位，了解主要客源市场的偏好，积极迎合消费者的需求。

二　非遗文化符号的元素展现

旅游商品所包含的符号元素是旅游地包括非遗在内的特色地域文化物化、形象化和生动化的异地传达，符号元素的呈现则成为旅游商品开发的中心环节和重点。旅游商品作为承载旅游地文化符号的物品，是一个独立的宣传物，它通过携带的符号元素在展示以及消费的过程中，传达地域性形象与信息，让旅游者在购买、欣赏与回味期间潜移默化地认知、认同和接受旅游商品所蕴涵的文化导向，进而引起旅游者及潜在旅游者们的好感和联想，从而产生向往，达到烘托地域氛围及传播当地文化的目的。

（一）非遗符号元素的构成

旅游形象策划经历了资源特色彰显、文化主题提炼、视觉形象推广、特定情感诉求四个发展阶段，发展至今正处于特定情感诉求阶段。因此，旅游商品所反映出的符号元素，不能仅简单地代表旅游地，还要能满足人们某种情感需要。旅游商品的符号元素由图案语言、色彩、造型、材质四个方面组合构成，这些从非遗提取的元素要能契合游客对旅游地的地方认同。

1. 图案语言

图案可通过绘画、印制等方式直接呈现在商品的外包装上。在不同的文化背景下，人们通过对不同图案和纹案样式赋予不同的精神内涵、显示意义和特征，使其超出了自身形式美感的价值，向人们传达了外在形式下的内在文化价值。如土家族的白虎图腾、西兰卡普等带有民族特色的图案及手工制作。同时，也可将文字看作一种图案语言，有象征意义的文字可以直接运用于旅游商品的开发，如屈原的诗歌。在选择上重点考虑游客心理与当地文化的认同度，对市场进行细分，选取游客感兴趣的部分，比如昭君文化，年轻女性会对昭君中国古代四大美人的身份产生更多的关注，针对这部分市场可以提取与美人有关的图案，如昭君浣纱、昭君梳妆等；而对年长一辈的老人可能更多地关注昭君对民族团结的贡献，针对这部分市场则可提取昭君出塞、昭君和亲等图案。

2. 色彩元素

色彩是最能表现情感和区分信息的元素之一，从地域文化的角度来说，色彩给予人们极强的感官体验。统一及长期使用，能突出旅游商品的特色及理念，帮助消费者记忆和识别旅游地商品特点，如可口可乐纪念品商店的红色，迪斯尼乐园的马卡龙色系。在旅游前后，游客对旅游地的区分除了有代表性的地标、图案等，还有色彩，比如市场上出现的英伦风的明信片大多带有大红色，泰国风的明信片大多带有金色。提取色彩元素时，一方面可以根据出现在当地照片中的主要色彩进行选择；另一方面，要考虑到本地及客源市场用色的传统习惯，以及旅游者的心理诉求。

3. 造型元素

造型因通过诸多差异化能够体现独特的时代价值、审美特点、功能特性而被广泛关注。要深入挖掘具有象征旅游地的造型元素，如象征端午节的粽子、龙舟，象征昭君的琵琶、大雁等。系统的造型元素能突出"家族化""统一化"的特点，使旅游商品在外观上具备有机的联系，使之在大众的认知中脱颖而出。现今市场上有三种方式，一种是将造型直接运用于旅游商品的制作，如缩小版的埃菲尔铁塔、兵马俑等；第二种是赋予造型新的功能，比如故宫纪念品里的玉玺橡皮等；第三种是将造型衍生后运用于旅游商品的制作，比如故宫的龙凤吉祥物玩偶系列。

4. 材质元素

材质的差异化带来物理和化学两种不同层面的性质和品格变化，形成独特美感，为人们提供差异化的情感认知。考虑到旅游商品的特殊性，旅游商品更宜就地、就近取材，以保持原有属性。如宜昌车溪景区用竹子做的小水车，既有代表意义，又有科教意义。利用区域内具有独特价值和储量丰富的材料实现旅游产品创意开发，其一是对区域文化和地域特色的再现；其二是可以满足旅游者的消费需求和对文化认知的渴求；其三是就地、就近取材，有利于控制生产成本，对带动当地经济社会发展具有很好的作用。

（二）非遗符号元素的应用

符号元素是旅游商品设计的核心，是打造旅游商品品牌的重要手段。除了旅游商品外，符号元素还可以应用于旅游商品店、营销人员等方面（见图6-7）。

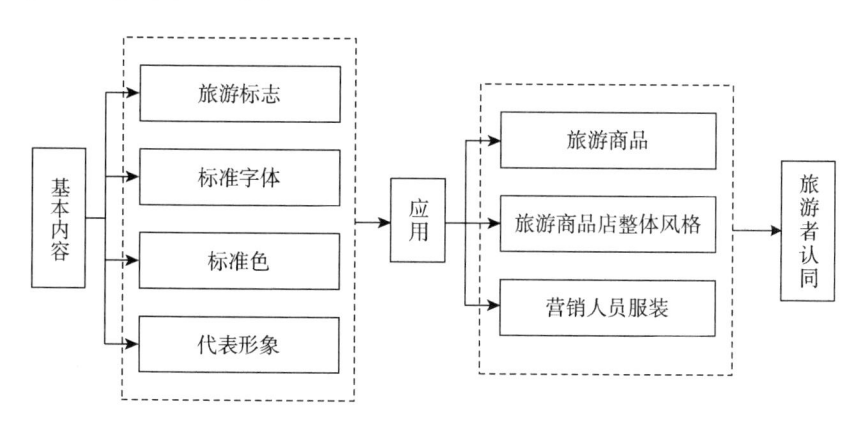

图6-7 非遗符号元素的构成与应用

旅游标志的设计可直接或间接引用旅游地的独特标志，直接地传达旅游形象特征。对旅游商品的主流设计风格及包装等进行标准字体和标准色的统一，以便旅游商品向社会传播时产生持续效应。代表形象的设计应体现出认知性强，符合时代特征，具有广告效应，如北京故宫博物院的吉祥物龙壮壮和凤美美。所有的符号元素可以运用于旅游商品的主流风格设计，另外要注重营销氛围，如旅游商品店的建筑风格与色彩、营销人员的服装等，营造并强化旅游商品的统一形象。

三 地方认同的培养

旅游商品在开发理念确定之后，就要利用一定的营销推广活动来传递信息。地方认同培养是旅游商品的具体化成效，主要手段有旅游商品的公关活动和市场推广，旅游商品相关企业的相互协作，旅游商品店的形象传播。通过这些活动的开展，在推广旅游商品的同时也展示了旅游地的文化魅力和旅游发展实力，从而获得了更好的市场反响和口碑传播。如迪斯尼动画传达了迪斯尼快乐、热情、童真的理念，在一定程度上加强了迪斯尼乐园的魅力。旅游者在信息的接收中加深了与旅游商品符号的情感互动，有利于培养对旅游地的地方认同。

（一）旅游商品的公关活动和市场推广

旅游商品在很大层面上需要政府的高度重视及合理把控，是政府行使对旅游地形象塑造的规划、创意、运筹和传播的职能。政府不仅应在旅游商品的创新开发及设计方面加以关注，注重专利的保护，也应注重旅游商品的市场推广，积极采用市场公关活动、媒体传播途径及其他各种营销途径推广旅游形象。如步步升布鞋作为枝江非遗旅游开发的一张名片，政企联合推广形成了良好的口碑效应。

（二）旅游商品相关企业的相互协作

旅游商品的开发设计与生产、销售等企业要相互协作，制定统一的生产标准，设置固定销售点，形成伙伴关系。设计方发挥主创优势，生产商发挥生产优势，政府及市场主体发挥渠道营销优势，增加产品的创意、质量和市场影响力。在较短周期内，设计商提供创意和思路，销售点注重旅游商品的营销手段及营销人员的服务意识，培育完整的旅游商品协作链。

（三）旅游商品店的形象传播

对于店面的选址问题，要优先选择可以充分展现旅游地形象，有利于形象传播及氛围营造的区域，要分层次形成开端、发展、高潮、尾声等跌宕起伏的印象区（见表6-3）。如步步升布鞋在枝江总部、宜昌、武汉等地和网上设立形象店，提升了品牌形象。

表 6-3　　　　　　　　　旅游商品店的形象区域

形象区分类	主要位置特征	形象传播的主要特征
第一印象区	旅游者接触的旅游地场所，包括机场、火车站、高速公路收费站、风景区入口等	第一印象对游客心理印象的打造及随后旅游形象的期望具有重要意义
最后印象区	旅游者将要离开旅游地范围内的场所，包括候车点、边界区等	设置购物点，满足游客购物的需求
光环效应区	旅游地整体形象的呈现区域，能放大游客的印象，如休憩区、重点旅游景点等	促使游客对旅游地的形象认知及情感互动
地标区	区别于其他旅游地的独一无二的标志性形象区域，如秭归屈原故里的屈原广场	对旅游者来说是核心吸引物、必到之处和旅游地形象的具象感知区域

第七章 实证研究:以世界非遗端午节(秭归)为例

端午节是我国传统民间习俗,已被列入《人类非物质文化遗产代表作名录》,需要对其进行保护传承与创新发展。以端午节(秭归)为例,应用前文已经建立的非物质文化旅游开发适宜性综合评价体系,对其适宜性进行量化研究,根据量化结果并结合"四分法"对其旅游开发模式进行探讨,并基于地方感理论提出相应的旅游商品开发策略,用以指导实践并实现端午节非遗的保护性开发。

第一节 秭归端午节概述

从世界范围来看,很多地方都过端午节,只是各地名称不同,具体活动也有差异。我国大陆及港澳台地区无不保留着浓厚的端午习俗和吃粽子、划龙舟的端午节传统,端午节习俗和传统在世界范围内广为流传,日本、韩国、马来西亚、越南等国家也有与之相关的划船竞渡等活动。

一 秭归端午节溯源及研究概述

从国内来看,端午节溯源尚无统一定论,全国多地都有自己特有的传说和解释,民俗学、文化学等相关领域研究至今也未能达成共识,也正因为如此,造就了我国端午节及其文化内涵的多样性。2006年端午习俗被列入国家第一批非物质文化遗产名录;2009年,我国三省四地(湖北宜昌秭归、湖北黄石、湖南汨罗以及江苏苏州)成功将端午节申报成为世界级非物质文化遗产。这四个地区都有着悠久的端午习俗,而秭归的端午因纪念伟大爱国诗人屈原而别具风味。根据当地的传说,端午节最先源于普通百姓对屈原的凭吊,后来演变成为每年农历的五月初五划龙舟、吃粽子、喝雄黄酒等一系列纪念屈原的民间风俗,因此在这个伟大爱国诗人屈原的故乡,端午比年大,每年三个"端午",比春节还隆重。

在学术研究方面,端午节由于其悠久的历史和独特的风俗而吸引古往今来众多学者的关注。整体而言,端午节在文化界和民俗学等领域研究内容丰富,但对秭归端午节进行针对性研究的内容并不多。而关于秭归端午节的研究主要集中在端午节习俗、端午节渊源、端午节文化及文化精神等方面,且大量存在于当地的史志、地方刊物和专著中。近年来,随着端午节的申遗成功,有关秭归等地的端午节申遗和保护、传承、开发利用、反思等一系列实践性课题逐渐成为研究的热门话题。

二 秭归端午节保护及开发现状

保护成果显著。秭归是伟大爱国诗人屈原的故乡,也是端午节的发源地之一,保存着传统的、浓厚的端午习俗,地方政府也给予高度重视，推动秭归端午节的传承和发展。自2009年端午节申遗成功开始，秭归将"屈原故里端午文化节"作为一个重要的文化宣传载体，每年在端午前后举办"我在屈乡过端午"等一系列文化旅游活动，现已形成"大节两年有，小节年年有"的端午盛会，奠定了秭归在全国范围内的端午文化地位。其中，2010年由国家文化部、国台办以及湖北省政府联合主办的重大节庆活动——"屈原故里端午文化节"在秭归拉开序幕，余光中、流沙河等著名诗人前来以诗会友，吸引了各大主流媒体的关注，此后每年秭归以不同的主题举办端午节活动，影响力不断扩大。

市场有待发力。尽管秭归端午依靠大型节庆活动吸引了众多目光，也引起了诸多媒体的关注，但有关端午传统习俗的保护和传承并不十分乐观。一方面，保护资金有限，尽管湖北省、宜昌市、秭归县等各级政府部门都给予了秭归端午高度重视，但在其推广、传承等方面所给的资金支持力度与其世界级非遗地位并不相符。手工龙舟制作技艺等非遗的传承人越来越少，其生存境况令人担忧。另一方面，对端午节的保护传承存在瓶颈，缺少市场驱动力，目前已有的端午节活动相对单一，尚未进行系统性开发保护，因此需要进一步创造性地开发，吸引文化、旅游等各方市场主体，带动相关产业发展，扩大端午节的影响。

第二节 秭归端午节旅游开发适宜性评价

针对本书所建立的非遗旅游开发的适宜性评价指标体系，利用层次分析法进行计算，得出该评价体系中各指标所占的权重。对于秭归端午节而言，各指标所占评价总目标权重由大到小排序如表7-1所示。

表 7-1　　　　秭归端午节旅游开发适宜性评价指标

指标	所占权重（%）	权重排序（%）	指标	所占权重（%）	权重排序（%）
传承人培养管理 U_{45}	8.60	1	收入促进效益 U_{51}	2.80	14
民间保护意识 U_{35}	8.27	2	生态优化效益 U_{55}	2.80	15
区位条件 U_{22}	8.20	3	科学文化艺术价值 U_{12}	2.73	16
客源市场认可度 U_{15}	8.00	4	非遗旅游适游期 U_{25}	2.44	17
文化原真程度 U_{31}	7.02	5	遗产物化多样性 U_{14}	2.38	18
文化传播影响力 U_{44}	5.68	6	研究关注程度 U_{41}	2.36	19
资源组合难易程度 U_{24}	4.99	7	开发利用程度 U_{42}	2.05	20
遗产知名度 U_{13}	4.87	8	文化和谐水平 U_{43}	1.89	21
政府保护支持程度 U_{33}	4.75	9	经济条件 U_{21}	1.70	22
附属物保护程度 U_{32}	4.13	10	产业带动效益 U_{54}	1.52	23
企业保护开发认同度 U_{34}	4.13	11	就业促进效益 U_{52}	1.40	24
观赏游憩价值 U_{11}	3.60	12	文化认同促进效益 U_{53}	0.65	25
基础配套 U_{23}	3.04	13			

从上表可以发现，在对秭归端午节的旅游开发适宜性进行评价时需要着重考虑的前五个影响因素依次为：传承人培养管理、民间保护意识、区位条件、客源市场认可度和文化原真程度；其次为文化传播影响力、资源组合难易程度及遗产知名度等指标因素；而与预期开发效益相关的一系列指标权重排序比较靠后，说明非遗与一般的旅游资源还是存在一定的区别，在进行非遗旅游开发时应将保护与传承等因素放在首要位置，而开发所带来的预期效益则是考虑的次要因素。

一　评价得分

在秭归端午节的旅游开发适宜性评价过程中，课题组通过实地走访调研，获取大量相关资料，并且先后咨询多位宜昌及秭归当地相关领域专家学者，利用适宜性综合评价体系进行评分。对照非遗旅游开发适宜性评价指标及赋分标准，对秭归端午节旅游开发的各项适宜性评价因素进行综合考量，得出各指标的相应得分，最后对各专家意见进行探讨和汇总，得出秭归端午节旅游开发适宜性整体得分，按照表4-8、表4-9对其适宜性等级作出最终综合评价，结果如表7-2所示。

表7-2　　　　　秭归端午节旅游开发适宜性评价得分

评价项目	评价因子	得分依据及原因分析	得分（分）
开发潜力（20）	观赏游憩价值	吃粽子、挂艾草、龙舟竞渡、屈原祭祀等多种形式的传统习俗，历史悠久，参与人数多，具备重要的现实纪念意义，因此兼具非常高的观赏、游憩、使用价值	4
	科学文化艺术价值	秭归端午节是我国民间唯一以纪念屈原为主的、关于"人"的全国性传统节日，历史悠久，传统浓厚，其习俗中所包含的龙舟竞渡、卫生防疫、粽子文化等都具有重要的历史文化和科学艺术价值	3
	遗产知名度	2009年联合其他省市向联合国教科文组织提出申请，成功收录入"世界非物质文化遗产名录"，成为世界级非物质文化遗产	5
	遗产物化多样性	秭归端午节中吃粽子、划龙舟、挂艾草、屈原传说等不仅呈现有粽子、龙舟、艾蒿、菖蒲、雄黄酒、香包等各实物附属物，还在乐平里、屈原祠等地展示保存着屈原相关的各种文物遗迹，相关附属物的物化形式非常丰富	2
	客源市场认可度	随着近年端午文化节的开展，尤其是每两年由省政府和文化部共同举办的"屈原故里端午文化节"扩大了秭归端午节在全国范围内的影响力	6
开发条件（16）	经济条件	秭归县经济发展在整个宜昌市处于中等偏下水平，国民生产总值仅与兴山、远安、长阳相平；人均可支配收入排名较低，在宜昌境内同等区域中处于较低水平	0.5

续表

评价项目	评价因子	得分依据及原因分析	得分（分）
开发条件（16）	区位条件	秭归县城距湖北省会城市武汉300多公里，距三峡国际机场50公里，距宜昌火车站40公里，且境内有屈原故里5A级景区和三峡竹海、九畹溪漂流等著名景点，还紧邻举世闻名的5A级景区三峡大坝，为坝上库首第一县，因此旅游和交通区位良好，条件优越	8
	基础配套	秭归为三峡坝首第一县，域内资源丰富，近年来经济发展迅速，水、电、路等基础配套相对完善，旅游接待服务设施有待加强	2
	资源组合难易程度	秭归端午节属于我国的传统节日，与当地的文化名人——屈原息息相关，并且秭归临近三峡大坝，因此生态、自然、人文等各种各样旅游资源在此交汇，端午节在地缘上能够很容易地与本地及周边资源进行有机结合	5
	非遗旅游适游期	秭归端午节在我国农历的五月份，从五月初五至五月二十五，与之对应的传统习俗持续时间不长，因此真正与之匹配的适游期并不长	0.5
保护性（22）	文化原真程度	秭归境内至今流传着很多关于端午节和屈原的传说，也在当地出版和收藏了大量文献、出版物，而且一直保留着龙舟竞赛、吃粽子、挂艾草等端午节的传统习俗，原真性程度很高	6
	附属物保护程度	端午节附属物如龙舟、香包、粽子等物化载体保存系统完整，内容丰富多样	3
	政府保护支持程度	秭归一直都非常重视端午节的保护与传承，特别是2009年申遗成功之后，各级政府都给予高度重视，有关端午节传承人的扶持、管理等事宜也较为完善	4
	企业保护开发认同度	在县政府的指引下，秭归本地的旅游开发企业一向比较重视生态文化建设，开发企业比较认同对端午节传统的保护和重视	3
	民间保护意识	秭归端午节源于对伟人屈原的纪念活动，普通民众对其保护意识较强，在民间普及度较高	6

续表

评价项目	评价因子	得分依据及原因分析	得分（分）
传承性（17）	研究关注程度	秭归端午节是我国的传统节日，一直颇受关注，受众面广，且随着三省四地共同申遗成功，加速了全国不同区域的研究交流，更加提升了它的研究关注度	2
	开发利用程度	秭归县境内现有屈原故里国家5A级景区，里面设有屈原祠和相关非物质文化遗产展示，在一定程度上促进了端午节的利用开发	1.5
	文化和谐水平	由于秭归是屈原故里，端午节源于该地，是植根于本地的传统文化。因此端午节传统习俗能够很好地融入本地	1.5
	文化传播影响力	随着近几年"屈原故里端午节"的连续举办，吸引了国内众多主流媒体和机构的注意，秭归端午节已经在全国范围内产生了较大的影响力	6
	传承人培养管理	秭归对非物质文化遗产管理很重视、制度较完善，对当地的屈原传说、龙舟手工艺制品等传承人给予相关的政策关怀	6
预期开发效益（6）	收入促进效益	旅游拉动当地消费，能够对收入产生较好的带动效益，相关工作人员、传承人等收入有所提升	2.5
	就业促进效益	通过旅游业促进食、住、行、游、购、娱等多个要素发展，带动较多人就业	0.5
	文化认同促进效益	通过旅游开发，不仅能够增强秭归本地居民的文化自豪感，还能让更多的游客了解秭归端午节，较大地促进本地文化认同度	0.5
	产业带动效益	与其他产业关联较为紧密，能够较好地带动相关产业，使食品加工业、手工制造业、文化产业等融合发展	1.5
	生态优化效益	旅游开发会对本地生态环境进行改造提升，但过多的游客进入又会影响其生态环境，因此对生态环境促进效果一般	1

根据上表各分项得分分析，秭归端午节的开发潜力得分为20分，

开发条件得分为16分,保护性得分为22分,传承性得分为17分,预期开发效益得分为6分,将各项进行加合计算出秭归端午节的旅游开发适宜性总体得分为81分,处于75—89分,属于第四级,为适宜性良好级别。

二 结果分析

通过对秭归端午节旅游开发的适宜性进行打分,可知其处于适宜性良好的水平,各项指标的得分率如表7-3所示。

表7-3　　　　秭归端午节旅游开发适宜性评价各指标得分率

准则层	得分(分)	满分(分)	得分率(%)	因子层	得分(分)	满分(分)	得分率(%)
开发潜力 U_1	20	22	91	观赏游憩价值 U_{11}	4	4	100
				科学文化艺术价值 U_{12}	3	3	100
				遗产知名度 U_{13}	5	5	100
				遗产物化多样性 U_{14}	2	2	100
				客源市场认可度 U_{15}	6	8	75
开发条件 U_2	16	20	80	经济条件 U_{21}	0.5	2	25
				区位条件 U_{22}	8	8	100
				基础配套 U_{23}	2	3	67
				资源组合难易程度 U_{24}	5	5	100
				非遗旅游适游期 U_{25}	0.5	2	25
保护性 U_3	22	28	79	文化原真程度 U_{31}	6	7	86
				附属物保护程度 U_{32}	3	4	75
				政府保护支持程度 U_{33}	4	5	80
				企业保护开发认同度 U_{34}	3	4	75
				民间保护意识 U_{35}	6	8	75

续表

准则层	得分（分）	满分（分）	得分率（%）	因子层	得分（分）	满分（分）	得分率（%）
传承性 U_4	17	20	85	研究关注程度 U_{41}	2	2	100
				开发利用程度 U_{42}	1.5	2	75
				文化和谐水平 U_{43}	1.5	2	75
				文化传播影响力 U_{44}	6	6	100
				传承人培养管理 U_{45}	6	8	75
预期开发效益 U_5	6	10	60	收入促进效益 U_{51}	2.5	3	83
				就业促进效益 U_{52}	0.5	1	50
				文化认同促进效益 U_{53}	0.5	1	50
				产业带动效益 U_{54}	1.5	2	75
				生态优化效益 U_{55}	1	3	30

据上表，秭归端午节的开发潜力适宜性很好，得分率超过90%，开发条件和传承性适宜性好，得分率为80%和85%；保护性适宜性较好，得分率为78%；预期开发效益一般，得分率为60%，具体排名见表7-4所示。

表7-4　秭归端午节旅游开发适宜性评价准则层得分率及排序

评价要素	开发潜力	传承性	开发条件	保护性	预期开发效益
得分	20	17	16	22	6
得分率（%）	91	85	80	79	60
排序	1	2	3	4	5

在具体评价指标上，观赏游憩价值、科学文化艺术价值、遗产知名度、遗产物化多样性、区位条件、资源组合难易程度、研究关注程度、文化传播影响力8项指标适宜性非常好，得分率高达100%；但就业促进效益、文化认同促进效益、生态优化效益、非遗旅游适游期、经济条件5项指标得分较差，得分率均低于60%。各项指标得分率排

序如表 7-5 所示。

表 7-5　秭归端午节旅游开发适宜性评价因子层得分率及排序

指标	得分率(%)	排序	指标	得分率(%)	排序
观赏游憩价值 U_{11}	100	1	企业保护开发认同度 U_{34}	75	14
科学文化艺术价值 U_{12}	100	2	民间保护意识 U_{35}	75	15
遗产知名度 U_{13}	100	3	开发利用程度 U_{42}	75	16
遗产物化多样性 U_{14}	100	4	文化和谐水平 U_{43}	75	17
区位条件 U_{22}	100	5	传承人培养管理 U_{45}	75	18
资源组合难易程度 U_{24}	100	6	产业带动效益 U_{54}	75	19
研究关注程度 U_{41}	100	7	基础配套 U_{23}	67	20
文化传播影响力 U_{44}	100	8	就业促进效益 U_{52}	50	21
文化原真程度 U_{31}	86	9	文化认同促进效益 U_{53}	50	22
收入促进效益 U_{51}	83	10	生态优化效益 U_{55}	30	23
政府保护支持程度 U_{33}	80	11	非遗旅游适游期 U_{25}	25	24
客源市场认可度 U_{15}	75	12	经济条件 U_{21}	25	25
附属物保护程度 U_{32}	75	13			

尽管秭归端午节的旅游开发适宜性处于良好水平，但其适宜性在某些方面也存在着较大的局限性，因此需要合理规划利用，扬长避短，最大限度地挖掘并发挥其旅游开发的适宜性，并在实践中选择适当的开发模式和方法，最终实现秭归端午节的有效传承和保护，具体措施如下。

有效利用开发条件，充分发挥开发潜力。通过评分表可以看出秭归端午节在观赏游憩价值、科学文化艺术价值、遗产知名度等自身条件方面有明显的优势，具有良好的旅游开发条件和巨大的发展潜力。因此，秭归端午节可以利用其自身的世界级遗产知名度，发挥临近三峡大坝的区位优势，与境内及周边的三峡竹海、三峡人家、九畹溪漂流等不同类型景区形成旅游互补联动局面，抢抓建设三峡国际旅游目的地和鄂西生态文化圈的发展机遇，充分挖掘和利用秭归端午节自身的旅游开发条件，最大限度地释放其旅游开发的潜力。

适时增强经济实力，着力改善基础设施。通过对秭归端午节旅游开发的适宜性评价分析得知，目前秭归经济对于端午节的旅游开发并无优势，其现有经济条件与打造世界级旅游目的地还存在较大差距，因此需要不断提高当地经济水平，增强基础设施和服务配套，增强经济水平和基础设施与端午节旅游开发的匹配程度。在具体开发过程中，一方面政府要通过优化本县产业布局，促进经济发展，结合秭归现状，大力发展生态农业、现代物流业和文化旅游业，完善旅游交通、住宿、购物等方面配套服务，增强端午节旅游开发适宜性；另一方面通过合理的政策制度，吸引外地企业前来投资，带动本地发展，端午节的开发可采用市场化机制运作，实施"政府引导、社会参与、市场运作"，大力培养传承人，研发相关旅游产品，带动相关产业发展，形成"文化搭台，经济唱戏，旅游发展"的局面，最终形成一个规范化、市场化、产业化的文化旅游品牌。

加强非遗保护，统筹兼顾综合效益。由于秭归是端午节发源地之一，屈原故里，传统习俗的保护和传承较好，在适宜性评价中，其保护性和传承性得分率也较高。尽管如此，评价中针对预期开发综合效益的得分结果并不理想，原因主要存在两个方面：一是秭归目前某些条件并不十分成熟，尚不能达到理想的预期效益；二是旅游开发涉及的因素较多，非遗又是一种特殊的资源，存在一定的脆弱性，一旦破坏则很难复原，对其开发利用，更加注重保护和传承。预期的开发效益可能不理想，因此需要科学做好顶层设计，由政府部门统筹，从政、产、学、研等多个角度，搭建起秭归非遗文化产业化的综合平台，让非遗文化能够在平台上得到活态传承，并在实践中进行模式选择和管理，提高秭归端午节的综合效益，从而增强非遗旅游开发的适宜性。

第三节 秭归端午节的旅游开发模式

鉴于对秭归端午节旅游开发的适宜性评价结果良好，比较适合旅游开发，现按"四分法"对其旅游开发模式进行探讨。

一 开发条件分析

端午节是我国的民间传统习俗，历史悠久、影响范围广泛，是典型的传统习俗类非遗，具有文化特色鲜明、民间风俗多样、影响范围广泛的显著特点和良好的开发条件。

文化特色鲜明。端午节习俗的起源有多种解释，其中与我国著名爱国诗人屈原联系最为紧密，端午节的文化因子很大程度上是屈原文化的一种呈现，从这个角度解析，屈原文化包含了浪漫主义、爱国主义和上下求索的精神内涵，因而成为广大人民为纪念屈原而演化形成的一种行为文化，其核心是屈原文化，另外包含众多民俗文化。

民间风俗多样。一是端午节有具体的时间设定，一般公认的时间为农历五月初五。同时，端午节还分为不同的阶段，以屈原故里秭归为例，端午又名"端阳"，并按时间分为农历五月初五的"头端阳"、五月十五的"大端阳"、五月二十五的"末端阳"。二是在这个阶段，人们会进行各种风俗活动，最为重要的习俗就有包粽子、吃粽子、门前悬挂艾草、喝雄黄酒等，秭归还会专门举办划龙舟比赛等活动去庆祝。在不同的地区，由于节庆内在象征的不同还会进行一系列相关的祭祀活动。

影响范围广泛。一是在时间维度层面,端午节形成、传承的历史悠久,从先秦时期至今,几乎跨越了整个中国发展史,历史厚重感强;二是在地域范围层面,端午节在中国、日本、韩国等东亚地区被广泛接受;三是在民间影响层面,端午节入选《人类非物质文化遗产代表作名录》并成为国家法定节假日之后,广大的人民群众对于端午节产生了更加浓厚的感情。

二 开发模式选择

根据适宜性分析,秭归端午节在资源、市场、旅游区位和政府支持等方面条件优越,具备良好的旅游开发适宜性,因此可以按照大型节庆活动模式进行旅游开发(具体模式见图7-1),重点把握以下四方面内容。

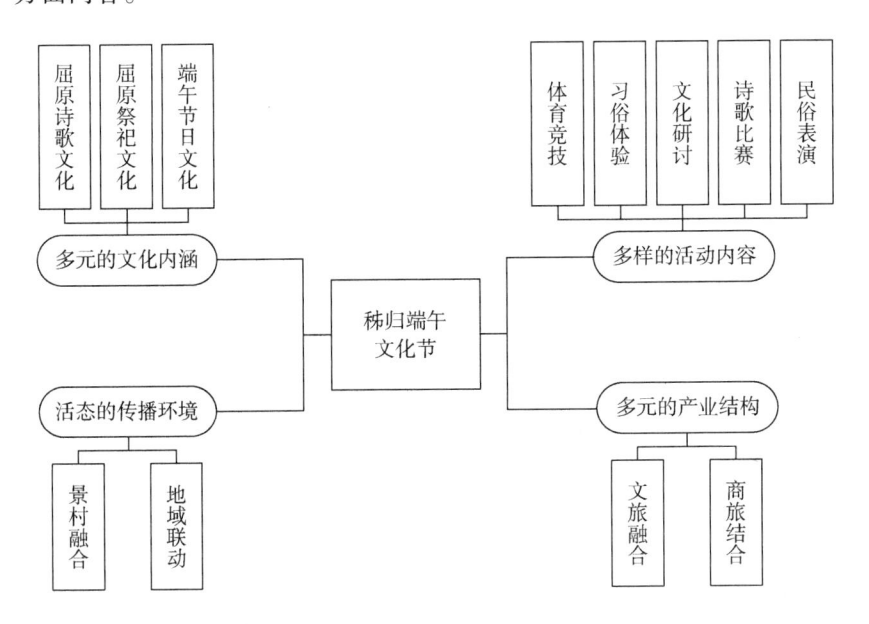

图7-1 秭归端午文化节开发结构

体现多元的文化内涵。多元的文化内涵体现在非遗旅游的开发过程中,需要围绕核心,融入衍生价值,从屈原文化出发,以诗歌、祭祀活动、民风民俗等为文化载体,合多为一,综合化、全面化和发散式地再现端午文化魅力。

创建丰富的体验活动。体验活动创意设计是节庆开发的重要载体,秭归端午节的开发需要通过举办各式各样的文化活动来吸引游客、提升旅游体验性和影响力。在不改变原有文化肌理的前提之下,可以形成一系列活动内容。例如保留原真性的祭祀文化、创新龙舟竞赛等参与性活动与乡村旅游等方式结合,激活各种形式的、互补共生的乡村端午习俗体验式旅游等体验活动体系,从而使原本抽象、静态的文化精神内涵,实现具象和动态的展示、发扬和传承。在这个过程中,旅游者相当于端午文化节庆"舞台"上的演员,通过实景体验和场景感知,形成了文化记忆,体验了文化活力和魅力。

构建生动的传播环境。端午节的旅游开发需要重视其传承研习和传承人的培养,构建复合的文化空间,实现活态传播。秭归端午节在开发过程中可以通过传承人现场教学、旅游商品展销、主题活动开展等多种手段让游客直接参与彩丝缠粽、雄黄泡酒、艾草水洗身、龙舟竞渡、手工制作等特色活动,促进文化传播。

形成复合的产业结构。非遗旅游产业化对文化传播和旅游发展起到至关重要的作用。秭归端午节的开发需要文化与旅游、互联网等行业的深度融合,通过创意开发形成系列特色商品,推动产业化发展,达到游客在消费和购买相关产品的同时推进文化传播的目的。

三 旅游开发实践

从 2009 年开始,秭归就走上了端午节庆旅游开发的道路,每逢农历五月，秭归都会举办大型的端午文化节，影响力越来越大。2009年以来，文化部与湖北省政府已在秭归联合举办了三届屈原故里端午文化节。2016年6月8日，由国家文化部、湖北省人民政府主办的"2016屈原故里端午文化节"在秭归召开，此次端午节与前几届相比更具特色，更加突出了主题活动具有的体验性和非遗保护传播的特点。活动内容包括开幕式、屈原故里端午祭、"诗意宜昌"等，以"龙腾三峡、舟竞宜昌"为主题的竞技赛事活动及"我在屈乡过端午"等习俗体验系列活动，共吸引了10万余名游客前来欣赏游玩。整个端午节期间，秭归全县共接待游客24.8万人次，综合收入10800万元，分别同比增长15.35%、17.4%。

因此，秭归可结合其自身特色和特有优势，走特色节庆活动的开发模式。以秭归屈原故里为文化展示和体验的核心区，以凤凰山作为旅游者观赏和游憩的景观场地，以秭归端午习俗为内涵，重点规划建设中国端午节非遗博物馆，用高科技方式进行非遗文化再现。通过梳理文化脉络设计一系列的非遗文化体验活动，利用文化传承人、文化载体直接和旅游者对话，营造丰富多彩的文化氛围和体验场景。

第四节　秭归端午节的旅游商品开发[①]

秭归县的旅游区位特殊，位于世界水利枢纽工程三峡工程坝上库首，是世界文化名人屈原的故里，是长江三峡黄金旅游线路上的重要节点。秭归端午风俗起源于先秦，汉末魏晋有较大发展，在唐代达到历史兴盛，并在明清得到进一步发展和传承。主要是纪念生于秭归乐

---

① 阚如良、曾煜：《基于地方感的旅游商品开发研究——以屈原故里端午节为例》，《资源开发与市场》2015年第7期。

平里的战国时期楚国三闾大夫屈原,风俗源远流长,形成了独特的端午文化。通过近几年秭归端午文化节的举办和市场反应,它不仅弘扬了端午习俗的文化内涵、推进了秭归旅游的发展进程、扩大了秭归端午的品牌影响,还促进了非遗的保护传承,总体而言是盛大且成功的。但在此过程中,秭归利用端午文化节进行旅游开发尚存在一些不足,有待进一步改善和提升,主要体现在活态开发不足、游客参与度较低和特色商品不多、产业空心化凸显等问题上,因此需要对其进行针对性的提升发展。

一 秭归端午节习俗地域文化的提取

秭归端午节,具有独特的荆楚文化特点和地域特性,包含众多特色习俗,目前有关非遗生产性传承的旅游商品主要有砚台雕刻、艾草香袋、根艺木雕、峡江龙舟、峡江帆船、木瓢制作、竹编技艺等。通过对秭归端午节习俗的把握和地域特色的提炼,有助于增强旅游产品的吸引力,形成带有明显地域性和文化价值符号的地方旅游商品,通过旅游商品销售和市场推广,增强端午节非遗的活态化传承和旅游开发的互动。

(一) 龙舟文化

秭归龙舟文化的主题是纪念我国著名的爱国诗人屈原。五月五日为纪念屈原投身汨罗江的那天,龙舟竞渡,旨在纪念和感怀屈原。秭归县历史文化悠久,在秦朝即属南郡,秭归的龙舟竞渡已形成了系统化的规则。秭归龙舟的打造方式区别于其他地方,舟身由杉木和柏木打造,龙头雕刻得栩栩如生,并用彩丝制作龙须。为了保证龙舟的密闭不透水,用上乘桐油涂刷舟身,并利用各色油漆为龙身点缀龙鳞。龙舟分为多种,其中象征屈原尽忠尽孝的"孝龙"全身以白色为主,专门用于竞渡,其他用于乘载观看竞渡嘉宾的龙舟则是雕梁画栋,纹饰众多。

(二) 特色饮食文化

秭归端午节饮食文化种类纷呈,意蕴绵长。其中最为重要的当属秭归的端午粽子,一方面用于节庆品尝;另一方面,则是作为祭祀物品,用于投水祭奠屈原。现在,端午粽子多用于节庆时令佳品,当作礼物用于相互馈赠,敬送祝福之意。秭归包粽子的技艺相当考究,米粽选取上乘糯米,每个粽子当中会放置一粒红枣,然后用洗净的粽叶包之。在这其中,青色的粽叶寓意屈原之精神万古长青,白色的米粒象征屈原的高尚纯洁,红枣代表着屈原不屈的爱国丹心。这种当地的情感表达,可以通过特定的文化符号来体现价值。

(三) 佩饰及避疫文化

每逢端午节来临,秭归人不仅注重自身装扮,对饰物的佩戴也特别讲究,形成了别具一格的端午佩饰文化,有系彩丝、佩香袋、戴艾虎等习俗(见表7-6)。这些文化符号在端午节的应用进一步凸显了地方感,也丰富了非遗旅游产品的内涵,提高了游客的体验感和参与度。

表7-6　　　　　　　　秭归端午节佩饰文化分类

佩饰	具体方式	作用	史料记载
系彩丝	一是制作粽子时缠丝。二是手臂系丝	五彩缤纷的丝带系在手臂,满足装饰之用,并蕴涵驱邪、纪念之意	《襄阳风俗记》:"屈原五月五日投汨罗江,其妻每投食于水以祭之。原通梦告妻,所祭食皆为蛟龙所夺。龙畏五色丝及竹,故妻以竹为粽,以五色丝缠之。"东汉应劭《风俗通》"五月五日,以五彩丝系臂者,辟兵及鬼,令人不病瘟。亦因屈原。"

续表

佩饰	具体方式	作用	史料记载
佩香袋	用五色丝线绣成各式各样的香袋，图案有虎、猫、鱼、鸟、香草植物等，形状有梭形、圆形、方形、心形等，所佩戴的香袋中装有桂皮、花椒、丁香等"五香"	佩戴香袋，传袭屈原文风及精神；孩童佩戴香袋既可祛邪避凶，又可强身健体	屈原《离骚》："昔三后之纯粹兮，固众芳之所在。杂申椒与菌桂兮，岂惟纫夫蕙茝。"
戴艾虎	用艾草做成，形似老虎，装饰以彩绸等	辟邪除秽，驱魔逐鬼；簪戴可以生香，也可装扮点缀	《荆楚岁时记》："五月五日今人以艾为虎形，或剪彩为小虎，粘艾叶以戴之。"

农历五月正好是一年之中春夏交替之际，温度逐渐升高，偶尔还会伴随梅雨天气，也是各种疾病传播的季节，因此，在秭归端午期间演变出了熏艾草、泡菖蒲澡和喝雄黄酒的习俗（见表7-7），以避免灾病缠身。

表7-7　　　　　　　　秭归端午节避灾防疫文化分类

避疫习俗	方式	作用
采露水艾	早采"露水艾"，在门头、窗边悬挂一束束红纸包扎的白艾。以艾绒或阴干艾草熬水洗澡或洗脚	醒脑提神，驱虫治病
洗菖蒲澡	以菖蒲叶或根熬制药汤沐浴，或泡酒饮用	《本草纲目》记载："菖蒲主治风寒湿痹，咳逆上气，开心孔，补五脏，通九窍，明耳目，出声音。久服轻身，不忘不迷，延年。益心智，高志不老。"
洒雄黄酒	将雄黄酒洒到居室墙角、床头等处；另外就是以雄黄酒在小孩额头画"王"字，或点吉祥痣，或涂耳、鼻处，以驱灾祈福	驱蚊蝇和虫蚁，民间俗信认为能祛邪避瘟

（四）祭祀及节庆文化

每逢五月初五，秭归人会在秭归县屈原祠及屈原庙搭坛做祭，祭拜屈原。咏诗唱曲，挂招魂幡，进贡祭品，献香草花木，叩拜屈原等，吟诵《公祭祝文》，默哀、叩首、鞠躬，为屈原送去崇敬和祈福。之后便是龙舟竞渡，竞渡之前还会进行"龙头祭"。除此之外，秭归的端午如春节一般热闹，出嫁之女都会返乡祭拜先祖，探望双亲。除了祭奠屈原之外，县内还举办多种文化活动，包括龙舟竞渡、书画、歌咏、摄影、征文、诗歌等赛事，配之有喜庆的踩高跷、扭秧歌、划采莲船、唱皮影戏等文艺表演。

（五）屈原名人文化

屈原文化就是屈原及其文学作品带来的文化影响，包括其在文学诗歌上的贡献和其爱国主义情怀。屈原，名平，字原，公元前342年3月6日出生于楚国丹阳，也就是湖北秭归，卒于公元前278年4月26日。他在楚威王、怀王、顷襄王三个时期为官参政，主要活跃于楚怀王时期，正处在"横则秦帝，纵则楚王"的大一统前夕。屈原出身高贵，娴于辞令，明于治乱，早年间深受楚怀王的宠信。任三闾大夫、左徒等职务，主管内政外交，屈原一生极力主张对内治唯贤重用，修明法度；对外则力荐联齐抗秦。最终却因为官场同僚排挤，惨遭流放，公元前278年在汨罗江投江殉国。

屈原被世人称为"诗歌之父"，留下了诸多不朽的诗篇，开创了我国古代浪漫主义先河，创造了新诗歌体裁——楚辞，在中国文学史上独树一帜，与《诗经》并称"风骚"二体。屈原的作品，根据刘向、刘歆父子的校订和王逸的注本，有25篇，即《离骚》1篇、《天问》1篇、《九歌》11篇、《九章》9篇、《远游》1篇、《卜居》1篇、《渔父》1篇。据《史记·屈原列传》司马迁语，还有《招魂》1篇。据郭沫若先生考证，屈原作品，共流传下来23篇。其中包括了

《九歌》11篇、《九章》9篇、《离骚》1篇、《天问》1篇、《招魂》1篇。屈原在诗中抒发的爱国主义思想感情，表达了他对楚国的热爱及对理想的不懈追求，他的诗歌是屈乡的儿女乃至全世界人民的宝贵财富。

二　秭归端午节习俗符号元素的提炼

秭归端午节文化元素丰富多彩且富有符号价值，同时秭归非遗生产性传承保护项目种类繁多。秭归端午节具有秭归民俗、屈原文化两个维度的地方感特征。

（一）秭归端午节习俗的符号元素构成

根据搜集的秭归端午节的文化特征，将这些文化特征从造型和图案、色彩、材质和人文四个方面在旅游商品开发上作出展现。

一是端午节习俗的造型和图案元素。造型图案因其象征意义和审美价值、功能而被大量运用。在各地的文化背景下，人们将图案和纹样赋予了各种内涵、意义和特征，所以它们超出了自身形式美感的价值，向人们传达着内在信息。因表现主题的不同，装饰图案和纹饰可分为几何形和自然形。人物形象、动植物、自然景物等都属自然形图案的题材范畴，圆形、方形、三角形、多边形、菱形、放射形等都归属于几何形图案。秭归端午节文化在造型设计上借鉴粽子的棱角、龙舟、划桨、屈原头像、玉笏、香袋，以及龙舟上的装饰样等，提炼其独特的代表形式和内涵，成为旅游商品设计的地方性元素。

二是端午节习俗的色彩元素。秭归端午节的色彩特点可以概括为叶青、米白、枣红。而这些不同的颜色也分别寓意着屈原不同的人物品格。

三是端午节的材质元素。秭归富产香草、竹子，竹子代表高洁不屈，与屈原之高尚纯洁的品行相互映衬，因此秭归之竹亦可作为旅游商品的使用材料。屈原的作品常以香草比喻各种美好的品行,秭归民俗也多以香草作装饰和避疫用,故香草也可作材料。

四是端午节的人文元素。秭归端午节在屈原文化方面的人文元素有屈原本身具有的情感色彩,屈原的诗歌作品,屈原诗中提到的人和物,在秭归民俗方面则有佩饰、避疫、踩高跷、唱皮影戏等节庆活动内容。

(二) 秭归端午节符号元素的分类

造型和图案、色彩、材质、人文都源于地方事物的个性和特征,带给游客的则是他们基于地域文化的体验和思考后得到的对地方的某种情感的认同。据此对屈原故里端午节的地方元素提取如表7-8所示,由于造型及图案在提取的事物与应用方面有所重叠,故在表7-8中列为一个栏目。

表7-8　　　　　　　　秭归端午节符号元素分类

符号元素	事物	个性特质	情感认同
色彩	粽子、竹子	深绿色	屈原的高风亮节
	脐橙	橙色	活泼动感、欢乐喜庆
	糯米	白色	屈原纯洁的品行
	红枣	红色	爱国丹心
材质	竹子	竹类材料	屈原正直清高、虚怀若谷
	香草	香草植物	各种美好的品质
造型和图案	粽子	粽子形状和图案	屈原刚正不阿的品性
	龙舟	龙舟的形状及图案	对屈原的怀恋,划龙舟时蓬勃向上的朝气
	屈原	屈原像等形状图案	对屈原和屈原精神的缅怀和传承
人文	屈原作品	屈原的诗歌文章	熏陶传承屈原精神
	作品中的人物	山鬼、神女等	熏陶传承屈原精神
	避疫佩饰	香袋、艾草等	驱邪避瘟
	节庆文化活动	龙舟、皮影等	秭归端午节民间习俗的热情洋溢、欢乐的气氛

综合上述地方特征，旅游商品开发有三个主要方向：屈原文学作品、秭归地方特产、工艺纪念品，其中非遗生产性项目包含在工艺纪念品内。

同时秭归端午节的符号元素还可运用于旅游商品的营销推广中，积极开展旅游商品的公关活动和市场推广，促进旅游商品相关企业的相互协作，加强旅游商店的形象传播。通过这些活动的开展，在推广端午节旅游商品的同时，也展示了秭归旅游的实力和魅力。

三 秭归端午节非遗旅游商品开发

根据秭归端午节的地方感元素特色的独特性，可将秭归端午节的旅游商品分为三个类型：屈原文学作品出版类、秭归地方特产类、工艺纪念品类。

（一）屈原文学作品出版类

高端礼品收藏书籍以《离骚》《九歌》《九章》等屈原代表性作品，形成一套以《楚辞》为题材的仿古书籍收藏礼品。因材料竹简的特殊性，不易批量生产且不易携带，故针对的主要是高端消费市场。由此引申出另一种低端实惠便携的文学出版类旅游商品。

低端实惠便携册子及卡片。屈原在他的作品中多以香草等植物寓意抒情，可以将屈原作品中众所周知的脍炙人口的作品做成单品或成套的小册子及明信片、书签卡片等，并以各式香草或屈原像为背景。此类针对的主要是大众消费市场。

（二）秭归地方特产类

秭归地方特产分为两类：一类是现有食品类，结合秭归地方风味和端午节习俗，适合开发成旅游商品的有粽子、脐橙；另一类是香草植物类。

礼品粽子系列。传统的粽子口味是糯米包上红枣,结合本地特色的农产品可开发出橙粽、魔芋粽、香草粽、腊肉粽等特色粽子产品。外包装可采用商品开发方式,针对各种消费档次、消费地域的市场设计出不同的礼盒,如竹制龙舟造型的外包装、印有屈原像的绿色纸盒外包装、呈粽子形状的纸盒外包装等。

礼品脐橙系列。秭归是著名的"中国脐橙之乡",地处长江三峡河谷地区,由于独特的气候、适宜的土壤和清新的空气,秭归脐橙香味浓郁、皮薄色鲜、肉脆汁多、酸甜可口。形、色、香、味皆上品的秭归脐橙非常适宜开发为食品类的旅游商品。鉴于脐橙保鲜的特殊性,销售上可采用代发快递到游客目的地的方式:一来免于游客负重之苦,二来保持了脐橙的鲜美口感,三来脐橙在快递过程中也是一种宣传方式。

香草植物系列。屈原在他的作品中提到了多种香草植物,经考察,秭归有近50种常见的香草植物,部分较为熟知的香草植物如表7-9所示。这些香草植物经加工提炼后除做成香袋外,有些可做药用保健,有些可做烹饪调味,有些可做美容养颜,原生态的香草植物还可制成盆景。

表7-9　　　　　　　　屈原作品中部分香草种类及作用

香草种类	出处	作用
石兰(石斛)	《九歌》	富含生物碱,是重要的中医药材
茹(柴胡)	《离骚》	秭归常见常用的中草药,治疗流感及上呼吸道感染疾病
艾(五月艾)	《离骚》《九章》	具有清热、解毒、止血、消炎的功效,可用于沐浴
荪(菖蒲)	《离骚》《九歌》	根状茎可入药,可作健胃剂
葛(葛藤)	《九歌》	含12%的黄酮类化合物,有"千年人参"的美誉
三秀(灵芝)	《九歌》	有延年益寿的功效
屏风(莼菜)	《招魂》	嫩叶清香,茎部肥美润滑

续表

香草种类	出处	作用
桂（肉桂）	《离骚》《九歌》	调理风味，皮、枝浸酒，酒香特殊
兰（泽兰）	《离骚》《九歌》《招魂》	煎油制成香料，煎水沐浴，有除味生香之效
茝（白芷）	《九歌》《九章》《大招》	煎水沐浴可以祛风解表、消肿止痛、扩张冠状血管，有防治流感之效
枫	《招魂》	果实焚烧香味浓郁，可以制作熏衣避瘴疫之香料

此外，屈原作品还有江离、兰（泽兰）、揭车（珍珠菜）、杜衡（马蹄莲）、绳（蛇床）、辛夷（紫玉兰）、荠（荠菜）、蕙（荆芥）、荼（苦菜）、蒲（香蒲）、棘（酸枣）、薇（野豌豆）、椒（花椒）等香草植物，具有不同的药用价值和营养保健、调理风味等功效。此外紫（紫草）、荷（芙蓉）等，也具有不同的美容养颜祛病等效果。针对不同香草的不同功效，开发出相对应的药用保健品、烹饪调味品、美容养颜品及观赏盆景类。

（三）工艺纪念品类

运用秭归端午节的符号元素，以屈原文化为主，可形成屈原雕塑系列、屈原作品系列、作品人物系列（如山鬼、神女等）。以秭归民俗为主，可形成龙舟系列、粽子系列、佩饰避疫系列、节庆活动系列。结合各系列特点选取恰当的承载物品，如服饰、雨伞、书签、茶杯、摆件、挂件、钥匙扣、冰箱贴等。

屈原雕塑系列。从不同类型游客出发，针对不同的细分市场，可开发出意气风发的青少年屈原，如屈原执竹简放牛的摆件；忧国忧民的中年屈原，如秭归屈原祠中的屈原青铜塑像。借鉴秦始皇陵兵马俑、少林小和尚等雕塑类旅游商品的经验，一是可将屈原雕塑做成微缩版，采用镀金、青铜、黄铜、陶瓷、紫砂等多种原材料和各种尺寸，以方便携带为主，包装可设计为锦囊或锦盒；二是可创作各种形态的屈原雕像，如放牛的屈原、读书的屈原、喝酒的屈原等，不要拘泥于刻板的屈原形象；三是制作屈原各类形象摆件，如Q版卡通形象等，以迎合青少年游客的喜好。

屈原作品系列。屈原作品是屈原文化中的瑰宝，开创了中国诗词文化的新时代。其传世的作品中有众多的名句为世人传唱，三峡大学的校训"求索"就出自屈原的"路漫漫其修远兮，吾将上下而求索"。从古至今也有无数文人骚客撰写诗词歌赋来纪念屈原，这些作品在群众中具有广泛的影响力。可将屈原的形象、诗词歌赋用古代字体印于扇面、书签、雨具、服装、文具等元素载体的物品上，制成屈原作品系列的旅游商品。脐橙是秭归特产，《橘颂》是屈原的一篇作品，借橘树赞美坚贞不移的品格和自己的追求。可将屈原的作品《橘颂》印在雨伞上，针对儿童市场，采用卡通形式；针对年轻人市场，采用时尚字体；针对中老年市场，采用书法字体。

作品人物系列。屈原的诗词作品中人物形象的描述栩栩如生，具有震撼人心的力量。《九歌》中描写女神的形象：《湘夫人》中的湘水女神、《少司命》中的女神少司命等人物，可用于创造画作形象、雕塑形象等。这些形象可提炼成一个系列，做一套屏风、一套玩偶摆件等，也可印于旅游商品的包装上。在每年的秭归端午节，秭归也可以开展譬如"寻屈子美人"的活动，增加秭归端午节的趣味性和影响力。

龙舟系列和粽子系列。史料记载，秦军破楚，屈原悲愤交加，毅然写下绝笔作《怀沙》，抱石投江，以身殉国。乡亲们唏嘘不已，划着小船、唱着悲歌，沿江寻找屈原的尸首，还往江中投粽子，祈求鱼虾不要咬食屈原的身体。后来，每到农历五月初五，人们为了纪念屈原，就划龙舟、吃粽子。可充分利用龙舟的形状样式、粽子的形状色彩开发出一系列工艺纪念品。例如：龙头形状的钥匙扣、粽子形状的零钱包等。

佩饰避疫系列。端午节期间，秭归人有系五彩丝织品于臂、佩戴香袋、饰以艾虎、采露水艾、洗菖蒲澡、洒雄黄酒等习俗。这些佩饰、艾草、菖蒲、雄黄酒等辅以功能介绍可开发为旅游商品。游客可亲身参与体验采摘或制作，借助体验销售的方式来增强游客的购买欲。

节庆活动系列。秭归端午节开展的文艺表演如打莲湘、踩高跷、扭秧歌、划采莲船、唱皮影戏、跳花鼓舞等；文化赛事如龙舟赛、书画赛、歌咏赛、摄影赛等。这些节庆活动的形象都可做成二维画面形象和三维立体形象，可用于各类元素载体。如印踩高跷图样的背包、表演场景制作成为雕塑摆件，制作原生态的艾草香袋、龙舟模型、木质玩具、竹编布艺等，兼具生产实用性和纪念性并举的旅游商品。

四 秭归端午节地方认同培养

（一）秭归端午节旅游商品的营销推广

近年来秭归的端午节无论活动形式还是宣传推广，都更加有效，端午节期间前往秭归参加端午节活动以及参观屈原故里的游客越来越多。这充分反映了秭归政府对秭归端午节的重视程度，在特色旅游商品开发上，还需要更多的关注。首先要注重对专业人才的培养，注重旅游商品开发、设计、生产、销售的产业链的维护，保证旅游商品质量。其次在旅游商品的营销推广上还需注入更多的精力，不仅仅是旅游商品展销会，还可以通过各种网络渠道，结合民俗文化活动对旅游商品进行活态展示，加大旅游商品与群众接触面。

（二）秭归屈原故里旅游商品店形象传播

屈原故里的旅游商品店首先在销售上，要制定统一的标准，比如统一的装修风格、统一的货品陈列、统一的服饰、统一的营销活动，其次要注重营销人员的服务意识,形成整齐划一的旅游商品店形象。最后关于屈原故里旅游商品店的选址,要在第一印象区、最后印象区、光环效应区以及地标区设置旅游商品展示店,强化游客印象,具体地点见表7-10。

表7-10　　　　　　　　屈原故里旅游商品店的选址

基本形象区	主要区位
第一印象区	屈原故里高速公路服务区、屈原广场、屈原故里门景区等
最后印象区	秭归长途汽车站、秭归旅游港、候车厅等
光环效应区	屈原故里内的屈原广场、重点景点、休憩区等
地标区	屈原故里的屈原广场、屈原祠等

第八章 非遗旅游开发的对策与应用

第一节 非遗旅游开发的基本原则

旅游开发是保护、传承和弘扬非遗的有效手段。作为社会历史沉淀的宝贵遗产，无论是文化发展还是旅游开发，都必须坚持保护为前提的原则，贯彻"保护为主，抢救第一，合理利用，传承发展"的方针。在此前提下，从政府、企业和大众三个角度提出非遗旅游开发的原则。

一 政府主导，机制构建

政府是非遗保护的主导者，非遗的旅游开发必须得到政府的支持。从宏观上建立非遗数据库，建立科学的非遗旅游开发评价指标体系，区分"可进入市场"的非遗和"不可进入市场"的非遗[①]，确立不同非遗的保护级别规划机制。主动衔接国内外文化遗产保护相关法律，

---

① 祈庆富：《论非物质文化遗产保护中的传承及传承人》，《西北民族研究》2006年第3期。

结合地方实际，制定实施一系列切实可行的非遗保护规章制度，形成长效的非遗保护法律法规，同时约束不合理行为。资金是开发的原动力，为开发提供物质保障①，政府应将非遗保护经费列入财政预算，设立专项基金，明确资金使用范围，明晰相关财政机制，为非遗保护开发和传承提供资金支持。此外，在非遗旅游开发的同时，政府还要强化其监督和管理职能，建立行之有效的行政管理机制，确保非遗保护传承与旅游开发实现良性互动发展。

二 市场主体，产业发展

以保护为前提的合理科学的旅游开发，不仅可以传承和弘扬优秀的非物质文化遗产，而且能发挥旅游的综合带动作用和产业化的市场优势，为非遗的保护传承筹措资金。产业化是目前拓展非遗传承途径、获取资金支持的最佳选择②。统计表明，云南省西双版纳和丽江的旅游业对财政收入的贡献分别达到了73%和90%，旅游为文化遗产保护提供了资金保障，实现了旅游开发与非遗保护传承的双赢③。为解决非遗保护资金缺乏的问题，政府可通过直接资金投入或发行债券等间接投入增强社会资本投资信心，发挥市场的作用，强化旅游企业等市场主体地位，树立长远发展眼光，构建文化旅游产业格局，以旅游发展为抓手，完善非遗开发地的基础设施，创造开发条件，创新融资渠道，广纳投资主体，促进产业相互融合，构筑产业发展链条。

---

① 赵悦、石美玉：《非物质文化遗产旅游开发中的三大矛盾探析》，《旅游学刊》2013年第28期。
② 谭志国：《土家族非物质文化遗产保护与开发研究》，博士学位论文，中南民族大学，2011年。
③ 吴发荣：《富阳手工竹纸作为非物质文化遗产的保护和传承》，硕士学位论文，中国林业科学研究院，2009年。

三 主客参与，活态传承

旅游开发不仅可以传播和弘扬优秀的非遗，还可以培育和扩大非遗的受众群体，不仅要抓住本土受众，还要培育外来游客，调动其主观能动性，促进非遗活态保护传承。一方面，强化社区群众认知，通过演出展览、新旧媒体传播等方式加强普及宣传，增强本地居民对非遗本身和旅游的艺术价值及市场价值的认知度，唤醒其自主保护意识，激发大众活力，营造非遗保护与旅游开发的氛围与环境。注重参与体验，满足游客需求，对不同类型的非遗采取不同的开发思路，通过资源整合、线路设计、产品联合等方式，将非遗旅游纳入区域旅游活动中来，采取节庆活动、舞台表演、角色扮演等形式让游客参与其中，通过体验性、趣味性活动参与感受学习非遗，借助游客良好口碑和旅游开发示范促进其传承。

第二节 非遗旅游开发的人本范式

一 基本内涵[①]

保护是开发和发展非遗旅游的前提，非遗活态分级保护开发是最有效的方式之一。非遗保护工作的重心应当逐步从"物"转移到"人"，通过传承主体核心层、文化空间中间层和文化生态环境外围层的保护，实施以"人"为主体的三层分级保护。

---

① 阚如良、史亚萍：《非物质文化遗产旅游开发的"人本范式"》，《光明日报》2014年6月11日第16版。

"传承人"是保护的核心层。作为非遗的传承主体，在"人本范式"下，不仅要满足传承人作为生物个体的生理需求，保障其生活质量，提高社会地位；还要通过政策支持，鼓励设立传习场所，招收弟子，融入现代元素，依托文化本源，充分发挥主观能动性，促进非遗的核心传承和创新发展。

文化空间是保护的中间层。非遗生存与发展的土壤就是其依托的文化空间，为非遗的原真性保护创造了条件。为此，参照自然保护区在空间上的划分理论，可以将非遗的文化空间划分为保护的核心区、缓冲区和实验区。核心区里面不修建任何现代化的设施设备，尽量恢复到当时社会环境下的原样，呈现各种文化最原始的起源；缓冲区以非遗的传承区为目标，以专项科学研究和培养传承人为主要内容，旨在活态传承非遗文化；而实验区以文化发展或者旅游开发为主，将现代和市场需求元素与非遗有机结合，开发具有文化内涵的旅游活动，提升旅游产品的质量，如非物质文化遗产主题公园、研学旅游产品等。

文化生态环境是保护的外围层。文化生态环境除了包括微观上的文化空间以外，还包括宏观上的外围区域文化生态和环境来作为非遗的关联内容。文化生态环境保护和文化建设是民族文化传承与发展的必经之路[①]。而非遗作为传统文化的承载体[②]，其保护和传承与其所处的文化生态环境密切相关。通过举办各种形式的非遗民间文化艺术节，推动非遗进社区、进景区，以此来增强民众的文化自觉性和文化自豪感，维持区域文化生态环境的可持续性，促进非遗动态保护与区域文化生态环境的有机融合和良性互动。

---

① 高曼：《文化生态环境及其建设研究——以羌族文化生态保护实验区为例》，硕士学位论文，成都理工大学，2013年。
② 曹诗图、鲁莉：《非物质文化遗产旅游开发探析》，《地理与地理信息科学》2009年第4期。

活态演绎传承是开展非遗旅游开发的关键。传承人活态传习能够有效解决非遗的代际传承，而其在空间上的传播方式则需要创新。与物质文化遗产相比，非遗的无形性和地域性特征更显著，尽管在形式上更便于传播，但在内容上却不易被外地游客理解和接受。无论是非遗项目，还是其传承人及文化空间，纵然有其独特的文化魅力，但对大多数游客来说是陌生的，难以在短时间内对其产生深刻的理解，因而需要进行活态演绎传承。应当充分挖掘各类非遗的文化内涵，创作喜闻乐见的艺术精品，使更多民众共享非遗，激活本地居民"守望精神家园"的热情。

非遗是旅游发展的宝贵资源，旅游又是非遗保护传承和弘扬的有效平台。为此，要让非遗产品进入旅游消费的各个要素中，让优秀的非遗鲜活地展示，并活态呈现在游客面前，提升旅游产品文化内涵，全方位吸引游客参与体验。此外，在保护、传承和开发的过程中，要通过市场和产业发展，保护传承人的传承积极性，守护其核心利益，通过市场对接和创新发展，实现内生式弘扬非遗的良性互动。

二 案例应用[①]

湖北省枝江市步步升布鞋文化村（简称步步升文化村）是按照村落再造模式建设，依托非遗"枝江手工布鞋技艺"，建成的集手工布鞋生产、非遗旅游开发、布鞋文化研发、妇女就业培训为一体的文化旅游产业体系。自2004年建设以来，步步升公司摈弃"现代制鞋工业园区"的开发理念，突出布鞋手工制作特色，采取"总部＋基地＋农

---

① 阚如良、史亚萍、Hsiang-te Kung、周宜君：《民族文化遗产旅游地妇女社会角色变迁研究——以三峡步步升文化村为例》，《旅游学刊》2014年第4期。

户"的发展模式,先后建立了枝江仙女总部以及长阳土家族、兴山昭君、夷陵三斗坪、陕西苏绘四个基地,共吸纳上万名"休闲上班族"从业人员,实现了年销售布鞋15万双、接待游客13万人次、年营业收入4800万元的经济效益,并先后荣获全国少数民族特需商品定点生产企业、湖北省文化产业示范基地、湖北省妇女创业就业示范基地等称号①。"枝江手工布鞋技艺"是当地农村妇女比较熟练的非遗技艺,也曾是农村妇女劳动的重要内容,随着现代制鞋工业的发展,这一手工技艺面临着失传的危机。步步升文化村采取"纯手工"制鞋技艺,不仅保护和传承了这一非遗,而且发挥手工布鞋技艺易于吸纳乡村妇女(同时也是非遗传承主力军)就业的优势,搭建了妇女参与旅游就业的桥梁。

通过长期指导和跟踪三峡步步升文化村开发建设,作者对妇女参与旅游活动后的社会角色变迁展开了田野调查,走访公司女性员工及周边乡村妇女,分别选择了40岁以下、40—60岁、60岁以上三个不同年龄段的15名妇女进行了深度访谈,采取口述史研究方法让当地妇女讲述自己参与旅游活动前后的经历和变化,分析其参与旅游活动后的社会角色变迁。手工布鞋是步步升文化村主打的旅游商品,布鞋售卖是整个文化旅游经济收入的重要来源。步步升公司总部现有82名女性员工,其中46人参与布鞋制作,大多是来自仙女镇附近的村民,以前在家主要从事农活家务。自被聘为公司员工后,每月都领取相对固定的工资,年收入可达1.5万元,相当于当地一个普通农民家庭的年农业收入。

同时,公司结合布鞋制作工艺特点,把半成品生产外包给布鞋生产合作社,周边乡村妇女参加合作社领取统一预制的材料并完成相应

---

① 《枝江市步步升布鞋文化旅游项目可行性研究报告》,2012年。

第八章 非遗旅游开发的对策与应用 / 175

流程的工艺制作。通过合作社吸纳的 5876 名妇女在家利用空闲时间完成半成品制作，人均每月可赚得少则 200 元多则上千元的收入。值得一提的是，年过六旬乡村妇女若从事农事劳作定会力不从心，但仍可从事布鞋制作，有 26% 的"奶奶族"人均每月进账可达 300 余元。

通过对手工布鞋制作工艺流程及相应支付成本进行翔实调查，发现每双布鞋制作需 20 道工序，每道工序对应支付给妇女的酬劳为 0.3 元到 28 元不等，具体如图 8-1 所示。

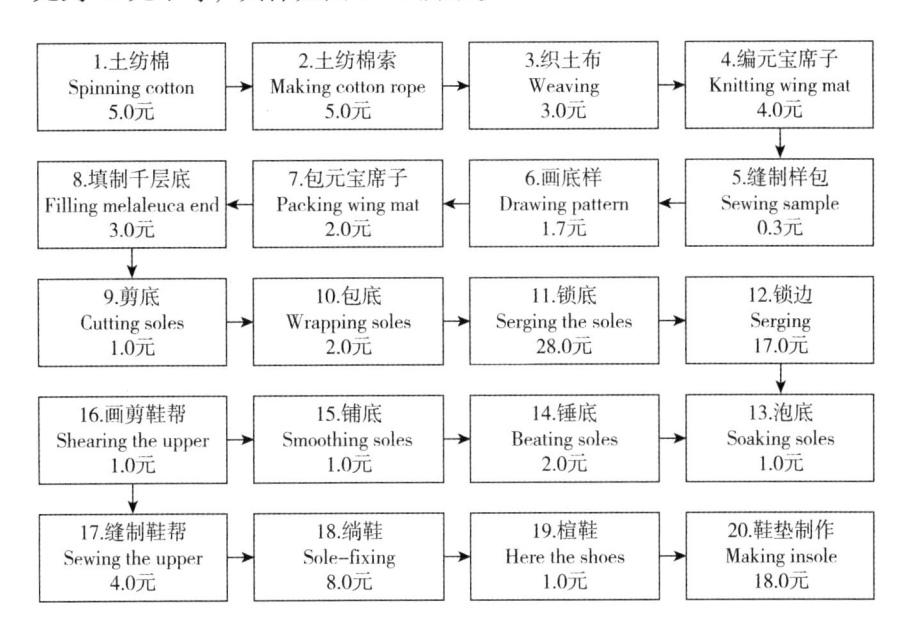

1.土纺棉 Spinning cotton 5.0元	2.土纺棉索 Making cotton rope 5.0元	3.织土布 Weaving 3.0元	4.编元宝席子 Knitting wing mat 4.0元
8.填制千层底 Filling melaleuca end 3.0元	7.包元宝席子 Packing wing mat 2.0元	6.画底样 Drawing pattern 1.7元	5.缝制样包 Sewing sample 0.3元
9.剪底 Cutting soles 1.0元	10.包底 Wrapping soles 2.0元	11.锁底 Serging the soles 28.0元	12.锁边 Serging 17.0元
16.画剪鞋帮 Shearing the upper 1.0元	15.铺底 Smoothing soles 1.0元	14.锤底 Beating soles 2.0元	13.泡底 Soaking soles 1.0元
17.缝制鞋帮 Sewing the upper 4.0元	18.绱鞋 Sole-fixing 8.0元	19.楦鞋 Here the shoes 1.0元	20.鞋垫制作 Making insole 18.0元

图 8-1　步步升手工布鞋制作工艺流程及支付成本

每双布鞋制作的人工成本为 108 元，也就是说每双布鞋可为当地妇女创造 108 元的直接收入。按年产 15 万双布鞋计算，仅布鞋制作每年可为乡村妇女增收贡献 1620 万元，为参与布鞋制作的 5922 名乡村妇女带来年人均 2734 元的直接显性收入。这对于以农业经济为主的农民家庭来说，是一项相对可观的经济来源。

农民家庭的收入来源结构在很大程度上决定了农户的生活水平，

也影响到农民的消费水平和消费层次①。步步升文化村所在地以农业生产为主,妇女多为传统的家庭主妇在家做家务、干农活。通过对不同年龄段妇女进行深度访谈,发现各年龄段妇女的家庭构成及经历变化大同小异,为此选取了三个年龄段最有代表性的胡大婶、方大妈、管奶奶的访谈记录进行实证剖析,见表8-1。

表8-1　　　　　　　　不同年龄段的妇女访谈原始记录

对象	访谈内容		
姓名	胡大婶	方大妈	管奶奶
年龄	31岁	52岁	64岁
访谈记录	我家住步步升文化村十几公里之外的金湖村,有一个三口之家,孩子今年8岁。早些年,孩子还小,我们夫妻俩就在外打工,孩子由婆婆照顾。现在,孩子要上学了,婆婆没什么文化,由于怕耽搁孩子教育问题,我俩决定回家亲自照顾教育孩子。回家后,经济又成了大问题,家里只有几亩田,收成有限。后来听说文化村大量招工,为方便照顾孩子就选择当休闲上班族。在家一边做家务、照顾孩子,一边参加手工制鞋,还在当地承包了一个小鱼塘,雇了一个亲戚帮忙照看。丈夫也找到了一个运输车队,在家附近开车跑运输。现在家里年收入可达四五万(元)。我们在家门口工作,钱挣到了,孩子和家也照顾到了。	我就住在附近的仙女村,从2004年这个厂子刚建的时候就进来了。刚开始过来是因为家里娃子们都出去搞事儿了,家里田地也不太多,每天做点儿家务事就没啥事做了。听说附近办厂子就过来看看。后来,自个儿觉得吧在这里上班工作环境干净,人还舒服些。以前呐,我在家还喂一些猪、鸡,有空到地里除草,现在都不做了,干那些又累又得不到钱,就把它们全甩了。在这上班工资每个月会定时发,比较稳定,还照顾了老人。种田一年就一次收成,还要等到谷子收了才有钱拿。现在,孩子他爸在附近的厂子里工作,儿子在镇里上班,儿媳妇也在这里上班。目前就种点口粮,农忙时几个人请个假,几下子就搞完了,也不耽误事儿。	我和老伴都已年过花甲,有一个女儿远嫁他乡。我俩一辈子都待在农村,从没有出去找过什么体面工作,年老后也没有退休金之类。年纪大了,女儿离家也远,根本顾不上家。先前,为了维持生活,老伴经常跑到几里远的镇上甚至是市里捡垃圾,运气好的话,一个月也能弄到三五百块钱,但运气不好的时候也就一百来块钱,收入极不稳定。看到这种状况,附近的邻居很是同情我俩,就跟我提起步步升,经介绍也开始戴上老花镜制作布鞋,每个月能拿到三五百元,家庭生活这才有了保障。

---

① 施仲军:《旅游发展中白族农村女性家庭角色的变迁——以云南省鹤庆县新华村为例》,《云南财贸学院学报》2005年第6期。

通过对表 8-1 做进一步归纳提炼，得出表 8-2，不难看出，自参与民族文化遗产旅游活动后，这些妇女的家庭收入结构呈现多元化，但不同年龄段妇女家庭的收入结构改变程度也不同，传承人的社会自信和个人价值得以增加和提升。

表 8-2　　　　不同年龄段受访妇女的家庭收入来源变化

对象	内容		
姓名	胡大婶	方大妈	管奶奶
年龄	31 岁	52 岁	64 岁
家庭人口	4 人	6 人	2 人
参前收入来源构成	外出务工为主	农业收入为主	回收废品
参后收入来源构成	本地旅游及运输务工、农业种养殖收入	本地旅游及工厂务工为主，农业种养殖为辅	本地旅游务工

总体来看，由于性别的天然优势和民族文化遗产旅游项目的特殊性，妇女更容易通过掌握"手工布鞋技艺"参与到旅游活动并获得了更多本土的就业机会，获得的经济收入更加直接、显性，因而对家庭经济贡献也更加明显。实践表明，文化旅游业的发展使得掌握手工技艺的乡村妇女作为传承人，在参与旅游活动的过程中获得了价值实现平台和工作机会，有助于家庭和谐与社会稳定，场景化的活态展示丰富了到访游客的旅游生活，使该项非遗得到了有效的保护和传承。

步步升手工布鞋非遗与旅游互动的人本范式逻辑：一是遵循了当地妇女与步步升布鞋的技艺的结合规律，赋闲的妇女劳动力同时拥有制作手工布鞋的高超技艺，因此，妇女成为步步升公司就业的主力军，充分尊重了非遗的核心圈"人"的客观发展规律，解决了传承人谋求发展的需要，进而解决了公司发展的劳动力问题。二是符合市场经济发展规律，根据市场需求，挖掘手工布鞋的实用价值和优势，拓展了布鞋的附加值，同时，合理利用了制作布鞋的非遗工艺，将文化价值转化为经济价值，两者互相促进。三是从内核到外围创造适合文化生长的土壤。从人的发展角度出发，通过参加非遗保护传承，不少人的社会和家庭地位改善，并提高了其自信和自豪感，也加深了文化自觉和手工技艺的熟练程度，一定程度上创造了非遗传承与发展的内生环境。

第三节　非遗旅游开发的品牌 IP 化

一　基本内涵

品牌是产品市场竞争的气质和灵魂，也是文化赖以生存和发展的永续资源。不管是物质文化遗产还是非物质文化遗产，只有进行市场化和产业化的发展才会获得生机，而品牌化则是文化产业和文化项目发展的最高追求。文化产业特别是具有政策保护性的传统文化的发展必须倚重其传达的核心技艺或者核心价值，以此形成支撑这些价值传承、发扬和利用的平台，形成其特定的标志性或者符号性的文化发展空间，也就是形成了文化品牌，所以，其发展将是可持续的。非遗的发展可以借助旅游作为平台，形成物化品牌的商品或者地方标志性演艺产品等。

非遗旅游品牌化发展，归根结底就是有效利用非遗的特性。旅游业标准化和开放化的发展加剧了文化旅游之间的竞争。现阶段，旅游供给者面临精准的市场定位和品牌发展的挑战，及如何科学定位使本地旅游的文化取向进入旅游者的决策之中。相关研究表明，每个旅游者的旅游目的地决策域一般为 2 个到 6 个，但是包含的文化选择范围却是非常广泛的。为了获得旅游者青睐，旅游供给者必须通过精准的品牌定位形成核心竞争力，在目标市场细分的基础上，给出足够的理由让游客记住目的地，或者给出足够的文化魅力吸引旅游者。通常情况下，旅游经营者会充分挖掘文化内涵，提取有效和具有吸引力的元素，进行营销加工来吸引旅游者喜欢。在这种经常性的正向的主动拉力作用下，游客会通过各种媒介传播旅游目的地来进行选择，当旅游者不需要这种拉力作用，而是对旅游目的地进行主动选择的时候，那么，原先的文化符号和元素将成为代表旅游地的品牌。这种品牌定位往往强调旅游地的历史、社会和文化价值的独特性或者是某一种文化的特性。一般而言，每个旅游目的地包含的社会文化等特质较多，并非所有使旅游目的地区别于其他竞争者的特质对旅游者来说都具有相同的吸引力，因此，必须对旅游目的地进行市场吸引力、游客体验度、游客满意度等测度评价，也就是说，需要甄选出既具有市场前景，又便于生产的产品，或者要遴选具有突出吸引力或者能传达核心价值精神的文化元素来形成品牌支撑。

旅游是体验性的经历，旅游产品和服务具有消费与供给同时性、无形性等特性，这限定了旅游产品消费的现场性和异地性。因此，实现品牌化不仅需要生产出极具体验性的旅游产品，而且在品牌推广和产品供给过程中要具有场景感。旅游产品也应具有地方感和文化特色。一方面，非遗可以通过旅游发展的互动来增加旅游体验的特性；另一方面，可充分利用非遗打造独有的品牌 IP。IP（Intellectual Property）是代表个性、稀缺性的独特识别物，是一种新的认知和流量入口，是旅游信任体系的中枢。当下，旅游发展的成败很大程度上取决于优质的 IP 产业和项目。在越发个性化的旅游时代，以内容取胜的旅游产品和塑造旅游 IP 成为旅游开发成败的关键因素。

非遗作为文化保护的特殊类型，具有人本性、无形性和脆弱性等特点，其品牌化必须突出对传承人的保护和调动，针对旅游市场价值取向对其进行元素提取，物化传承，同时打造旅游 IP，构建旅游发展的体验内核,形成特色品牌。

二 案例应用

2008年6月,"土家族梯玛歌"经国务院批准被列入第二批国家级非物质文化遗产名录。土家梯玛歌被誉为"研究土家族文化的百科全书",其主要表现内容包括开天辟地和人类繁衍、民族迁徙和民族祭祀以及狩猎农耕和饮食起居等,集诗、歌、乐、舞为一体,是土家族的长篇史诗。梯玛歌以土家语为表述语言唱述,演唱时有唱、对唱、合唱,也有吟等方法,在形式上是韵文和散文的综合体,通过这种独特的文化形式,凸显其文化价值。相较于土家吊脚楼建筑、歌舞等形式,"土家族梯玛歌"的旅游利用率和品牌化程度均不高,较低的市场化和产业化程度降低和弱化了土家语言保护、传承和发扬的力度。宣恩县黄坪村结合土家语言和民俗,打造了IP品牌,塑造出了"阿尼阿兹"的土家语言形象,形成了较好的非遗与旅游互动和应用效果。

黄坪村位于恩施土家族苗族自治州宣恩县椒园镇西北部。2008年,时任副总理的李克强考察该村。村里以盛产黄金梨远近闻名。黄坪村所在的恩施州旅游发展的现状是注重民族文化特别是民俗文化的开发利用,极易加剧旅游项目或者文化项目的聚类式同质性竞争,不利于旅游可持续发展。在此背景下,如何结合地区特点,科学利用物质文化遗产和非物质文化遗产成为该区域旅游发展的难点。黄坪村旅游规划的处理方式和逻辑是从"土家族梯玛歌"的精髓"土家语言"着手,挖掘地区与文化的黏合性,提炼IP形象,形成IP品牌。

土家语言历史悠久,寓意深远,如表8-3所示,如土家语"阿尼阿兹"表示"我爱你"等语言朗朗上口,以土家语言命名旅游区将进一步传承土家族语言文化,扩大恩施土家文化的影响力。黄坪村活动多样,不仅是国家级非物质文化遗产名录项目三棒鼓的流传地,也是滚龙连厢、宣恩耍耍两个湖北省省级非物质文化遗产名录的传承地。黄坪村土家族文化氛围浓郁,土语山歌、对襟服饰、民歌舞蹈、土家哭嫁以及土家族的传统节日"女儿节""月半节"都为旅游项目的开发奠定了深厚的文化底蕴。特别是土家语言和其特有的民族特性成为旅游发展和文化融合的重要元素。

表8-3　　　　　　　　土家语旅游资源(部分)

序号	土家文	汉译	备注
1	阿尼阿兹	我爱你	爱情、亲情、友情的表达
2	社(富尼、早古迭、兰期猜)岔	大家(你们、早上、晚上)好	日常用语
3	格列翁,日阿古胡	请坐,请喝茶	接待用语
4	俺毕兹卡就汉兰	我们土家族就是这样	日常用语
5	尼且萨谢	您有什么事吗	问候用语
6	俺打舍巴日	我们一起跳摆手舞	活动用语
7	尼西兰卡普抵吧?仆茨练的嘎习	您想买土家织锦吗?可以优惠点	购物用语
8	俺则,俺则	非常感谢	日常用语
9	岔,体脸的	好,请稍候	餐饮用语
10	拉丘热苏枯	祝你一路顺风	日常用语

首先,寻找地域性和文化性的耦合,也就是挖掘非遗和地方特色的黏合点。黄坪村拥有丰富的土家民族文化,并且是黄金梨(又称贡梨)之乡。"阿尼阿兹"在土家族语中代表"我爱你","贡梨"甜蜜滋润,寓意"不分离",是美好生活、纯真情感的象征物。围绕这两大元素,注重保留自然之景和乡村之韵,以温柔开发和留白艺术"再造"黄坪美丽乡村。旅游项目设计以"甜蜜体验"为主题、以"梨"为景观,用"不同色彩"表现土家人的生活和精神内涵,通过创意设

计旅游体验产品、依托全域景观创意打造并完善旅游配套设施,最终形成包含观光、休闲、度假等多样化的旅游项目体系。同时,通过不同区域之间的创意项目的游线串联,创造起伏多变的情感体验。

其次,利用独特的结合点创造IP,并进行场景化演绎设计,形成旅游品牌。为深化黄坪村对旅游者的影响力,在发展旅游时增强形象营销意识,注重形象塑造和口碑传播,利用"阿尼阿兹"打造IP,注册商标。用贡梨、色彩、极限运动、清甜等符号构建黄坪村独特的品牌形象,在贡梨的出售上,创意设计贡梨的商业品牌包装,展现黄坪村旅游信息和品牌形象。同时,通过持续的旅游场景设计和品牌营销活动给予旅游者参与体验和IP认知的机会,进而在公众印象中树立并强化黄坪村旅游产品鲜明的品牌形象。围绕"阿尼阿兹"文化主题,串联旅游区内重点项目,进行"阿尼阿兹"旅游产品创新。游客即"演员",旅游区则是"舞台",以游客"情感"变化为主线,以土家族生活化、场景化的情感表达为体验,创意设计旅游体验场景,让游客能够身临其境、沉迷其中(见图8-2)。

总之,非遗旅游开发的品牌化通常建立在非遗文化的价值挖掘和地方文化或者特色的有效结合上,通过品牌化设计、打造和营销,带动旅游的发展,让非遗有效融入旅游产品和产品链,真正促进非遗的活态传承和发展。

第四节 非遗旅游开发的项目主题化

一 基本内涵

"主题"的概念伴随着市场经济的发展,逐渐拓展到生产、生活中的各个方面。同样,由于旅游行为及休闲消费的个性化发展,"现

第八章 非遗旅游开发的对策与应用 / 183

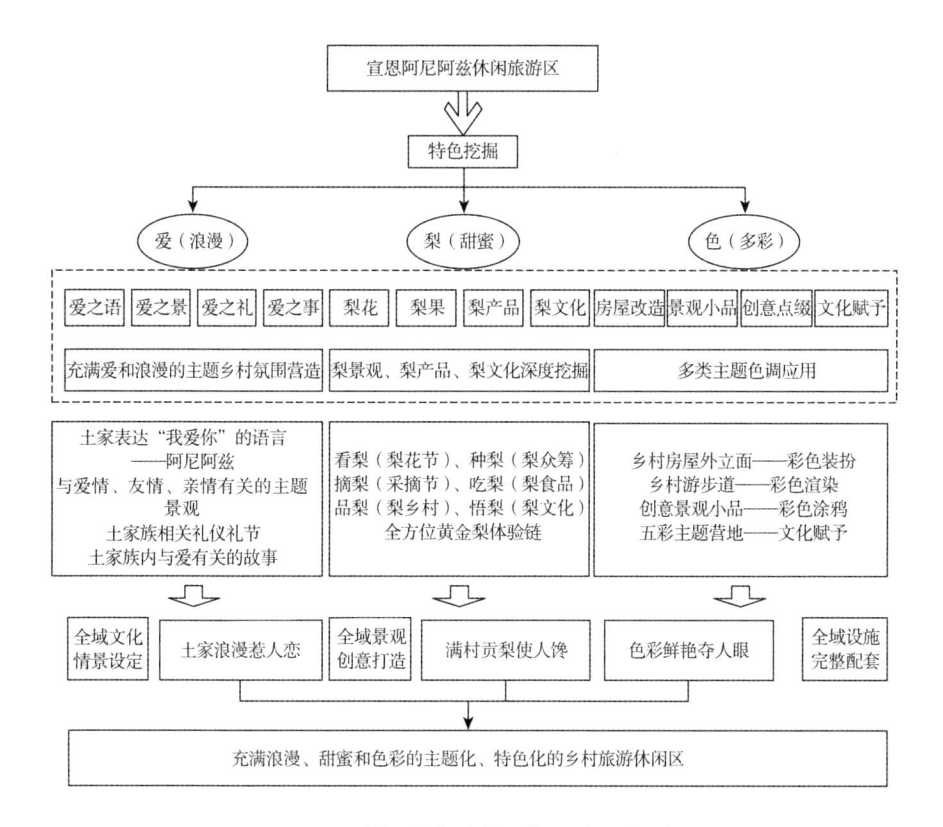

```
                    宣恩阿尼阿兹休闲旅游区
                              │
                           特色挖掘
              ┌──────────────┼──────────────┐
           爱（浪漫）        梨（甜蜜）        色（多彩）
```

爱之语	爱之景	爱之礼	爱之事	梨花	梨果	梨产品	梨文化	房屋改造	景观小品	创意点缀	文化赋予
充满爱和浪漫的主题乡村氛围营造				梨景观、梨产品、梨文化深度挖掘				多类主题色调应用			

土家表达"我爱你"的语言 ——阿尼阿兹 与爱情、友情、亲情有关的主题景观 土家族相关礼仪礼节 土家族内与爱有关的故事	看梨（梨花节）、种梨（梨众筹） 摘梨（采摘节）、吃梨（梨食品） 品梨（梨乡村）、悟梨（梨文化） 全方位黄金梨体验链	乡村房屋外立面——彩色装扮 乡村游步道——彩色渲染 创意景观小品——彩色涂鸦 五彩主题营地——文化赋予

```
  全域文化    土家浪漫    全域景观    满村贡梨    色彩鲜艳    全域设施
  情景设定    惹人恋     创意打造    使人馋     夺人眼     完整配套
              └──────────┬──────────┘
              充满浪漫、甜蜜和色彩的主题化、特色化的乡村旅游休闲区
```

图 8-2 黄坪村非遗的文旅互动设计逻辑

代旅游主题空间"随着个性化市场的需求演变成为越来越注重的发展领域。"旅游主题"随着现代科技的发展及需求的变化而变化，主题空间在发展的过程中，从原有线性空间逐渐发展成为特定的片状空间。社会经济的飞速发展增加了人们休闲消费的需求，创造出了多元的旅游主题需求空间，旅游活动除了满足人们原有的"食、住、行、游、购、娱"六个传统要素的需求之外，更出现了"商、养、学、闲、情、奇"新的六要素，多元化的旅游出行动机，意味着旅游消费市场潜力进一步扩大，同时也拓展了旅游产品的策划和设计平台。不同动机的旅游者对旅游地的选择是差异化的。对旅游者来说，在出游之前，选择什么样的目的地符合自己的主体趋向是首先要考虑的问题。针对

旅游供应方来说，则考虑的是旅游地能否满足旅游者的主要需要。所以，对于差异化竞争的市场来说，目标人群对于消费和配套的辅助功能的主题倾向，使得许多旅游地的商业空间规划和发展逐步趋向主题化。

通常来讲，由于旅游市场和产品日渐成熟，旅游消费者的要求也越来越高，更加注重旅游体验的品质，走马观花的旅游行程和粗制滥造的观光产品已经被游客所摒弃，拥有特色主题、文化内涵的品牌旅游项目更加受到大众青睐。因此，旅游业未来应该制定主题化的特色发展战略，有效利用当地的文化底蕴、风俗民情、生态资源等，形成优势资源互补的发展模式，打造主题鲜明、品质优良的综合旅游产品。

那么，对于非遗来说，由前文分析可知，非遗与旅游互动的耦合性很强，怎样利用旅游产品发展、发挥旅游和非遗的优势，打造更具市场前景和更可持续的产品，成为两者互动发展的关键问题。现阶段，各地开始重视对非遗的保护利用，产业平台逐步搭建，挖掘特色、形成主题、满足目标市场的有效需求、差异化发展、形成核心竞争力，成为非遗和旅游开发互动发展的必然选择。

实际上，越来越多的城镇开始着手打造非遗的主题化旅游地。例如成都首个非遗的主题旅游街区——万达城青城水街，有包括竹编、漆器、蜀绣、蜀锦等在内的以非遗为主题的商户30家，其中市级非遗商户8家，省级非遗商户1家，国家级非遗商户8家。吸引数十位非遗手艺传承人进驻街区现场表演非遗技艺。中国历史文化名镇浙江绍兴安昌镇同样在非遗主题化方面进行了探索，安昌镇赋存的非遗资源特色鲜明，是典型江南水乡历史的古镇，古镇内现有市级非遗项目10项、省级非遗项目4项、国家级非遗项目1项。近年来，古镇大力推进旅游与非遗的互动融合，举办多种非遗主题文化活动。腊月风情节举办期间，生动展示当地优秀的高品位非遗内涵，举行商俗、婚俗、年俗等各种民俗活动，每年会吸引大量中外游客前去体验参与、参观游览。并且，安昌镇坚持以非遗为主题，活态展现和弘扬非遗，主张让非遗走出非遗馆，创新保护模式，丰富传承途径，将绍兴宣卷馆这类国家级非遗项目的传承地选址于安昌古镇景区内，受到社会各界的欢迎和好评。

青城水街和安昌镇的模式让非遗与旅游结合，客观上促进了非遗的传播和发展，其主题形式都是以各类非遗集聚来体现的。一般来说，许多非遗传承地的非遗并不是集中分布的，这种模式实际上降低了非遗和旅游互动的主题化发展的指导性和应用性。而湖北省宣恩县彭家寨通过单个非遗的深化发展与旅游景区平台互动，进行主题创新活态展示，是一种新模式的探索。

二 案例应用

彭家寨坐落于湖北省恩施土家族苗族自治州宣恩县沙道沟镇西南部，地处武陵山余脉北麓。彭家寨吊脚楼群巍巍而立，秀美壮观，是中国六大民居建筑之一，是国家重点文物保护单位，有上百年历史，集建筑与人文美学于一身，具有很高的历史、艺术、科研价值。这里是湖北省吊脚楼群的"土家聚落的典型选址"，是国家住房和城乡建设部、国家文物局公布的第四批"中国历史文化名村"，也是恩施州20个民族民间文化生态保护区之一。著名建筑学家、华中科技大学教授张良皋先生认为彭家寨吊脚楼群是现代"建筑活化石"[①]。

武陵山区是我国土家族的最大聚居地，俗称"武陵山少数民族地

[①] 张良皋:《武陵土家》，生活·读书·新知三联书店2002年版。

区",涉及湖南、湖北、贵州、重庆三省一市,共含71个县。区域内有以湖南武陵源为主的世界自然遗产,以唐崖土司为主的世界文化遗产,著名的张家界世界地质公园、梵净山保护区和多个国家级5A级景区和广泛分布的特色旅游名镇以及少数民族特色村寨。武陵山区旅游依靠区域内独特的世界级生态资源、生物资源和文化资源,丰富多彩的民族风情和独特深厚的文化底蕴,形成了独特的旅游吸引力。但从旅游产品结构来看,武陵山区现主要依靠自然山水资源打造观光旅游,以民族村寨为代表的人文旅游开发较为滞后,缺少高品质的民族特色景区和旅游村落,更缺乏将土家族物质文化遗产和非物质文化遗产活态利用的主题旅游景区。因此,应在满足游客在武陵山区观光之余,打造深入体验土家文化的主题化旅游目的地,呈现原真文化、传承发扬传统文化,从而实现武陵地区旅游的转型升级。

以土家文化为背景,以土家吊脚楼的建筑文化以及附属元素为主题,形成泛化的生活式非遗展示区。彭家寨坐落于武陵山区,不可能脱离其原有的文化背景,且其所在的两河口村也赋存红色文化和古盐商文化。按照主题化的逻辑,甄选最具代表性的主题文化,代表彭家寨的魅力。彭家寨是国家重点文物保护单位,依山而建,面水(龙潭河)而居,要实现旅游功能的布局,必须在挖掘内涵的同时,将沿龙潭河的几个土家山寨串联,形成主题元素赋予的载体。在文化主题的选取上,既要形成主题,又要不单调,旅游产品的现实和时代要求是突破文化的多层次和主题性之间的矛盾,在文化的利用上,通过挖掘和突破来进行聚合,形成整个旅游目的地的灵魂。对于彭家寨来说,古老的土家建筑文化就是她的灵魂。民族文化是其背景,红色文化和盐商文化是其点缀(如图8-3所示)。

2011年5月,"土家族吊脚楼营造技艺"被列入第三批国家级非物质文化遗产名录。彭家寨是土家建筑艺术的集大成者。干栏式吊脚

第八章 非遗旅游开发的对策与应用 / 187

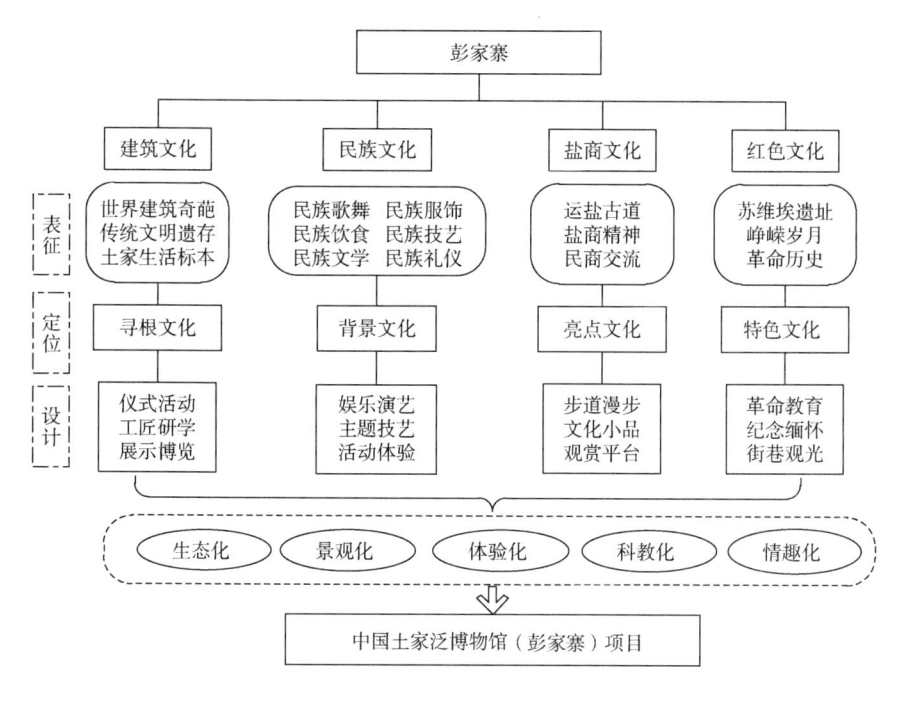

```
                           彭家寨
          ┌──────────┬──────────┼──────────┬──────────┐
        建筑文化    民族文化    盐商文化    红色文化

表征:   世界建筑奇葩  民族歌舞 民族服饰  运盐古道    苏维埃遗址
        传统文明遗存  民族饮食 民族技艺  盐商精神    峥嵘岁月
        土家生活标本  民族文学 民族礼仪  民商交流    革命历史

定位:   寻根文化    背景文化    亮点文化    特色文化

设计:   仪式活动    娱乐演艺    步道漫步    革命教育
        工匠研学    主题技艺    文化小品    纪念缅怀
        展示博览    活动体验    观赏平台    街巷观光

       ┌──生态化──景观化──体验化──科教化──情趣化──┐
       └──────────────────┬──────────────────────┘
                           ▼
              中国土家泛博物馆（彭家寨）项目
```

图 8-3　彭家寨非遗旅游开发的项目主题选择逻辑

楼是人类从穴居、巢居的群居形式向夯土、木架等结构式居住形式发展阶段的产物，具有广泛的世界级影响。彭家寨土家族吊脚楼集建筑、雕刻和绘画等艺术于一身，多为木质结构，其形式活泼、结构独特，规模宏大且特色鲜明，古朴雅秀，美观实用，多为干栏式的山坡建筑，悬出的木质栏杆上雕有图案，象征吉祥如意，三面有走廊，均飞檐翘角，具有"无坎不成楼、不转不成楼、无瓜不成趣"等建筑特征[①]。其建筑注重空间利用的合理性、生态环境的亲和性、建筑材料的经济性，凸显了民族建筑的高超技艺，对现代建筑产生了深远影响。土家建筑体现出传统文化的特色和风采，反映土家族人民所独具的价值观念和审美理想。有别于石头、砖瓦建筑的不可持续性，木质建筑以其

---

① 张良皋：《武陵土家》，生活·读书·新知三联书店2002年版。

空间利用合理、布局形态优美、选材经济生态体现了可持续的朴素生态主义观。吊脚楼是土家文化中的极富有民族特色和代表性的文化符号，是土家族人们智慧的结晶。彭家寨被誉为吊脚楼建筑的"头号种子选手"，吸引了大批中外建筑专家和爱好者及大量游客前往。彭家寨的历史价值在于她为几代的"彭家人"提供了遮风避雨之所，她的现实价值在于她融入武陵山骨血的建筑文化启示并震撼着现代人，她的未来价值在于结合周边村落而生的原乡村寨将作为活态博物馆在世界舞台展现中华民族建筑的魅力。

彭家寨旅游发展的模式是根据其土家建筑、田园物候和风土人情等资源特色，针对各类旅游市场和地方实况，破除个性与共性、保护与利用、名气与体验以及景区与社区之间的矛盾，进行自身特色与周边文化同源和地理同脉的区分梳理，厘清文物保护与旅游互动发展的共存关系，促进土家古建筑名气与游客旅游取向的价值融合，推动旅游景区整合与当地社区利益的互动协调，形成主题发展、环境优化、资源整合、业态创新等发展战略，打造文化与旅游的融合互动平台，形成土家泛博物馆（如图8-4），2021年8月7日景区正式对游客开放。

在非遗与旅游互动平台搭建的基础上，根据旅游功能布局的需要和一线串珠的"武陵九寨"发展定位，细分建筑文化主题的元素，以土家建筑营造技艺为灵魂，分别以古建筑所用的材料、特殊建筑形式、建筑仪式精神、古建筑民俗等为类型，挖掘形成饮食器具、木匠技艺、干栏建筑、竹编织锦、滨水建筑、水利设施、瓦陶工艺、音乐器具、风水建筑九个主题元素用景观小品的形式表现（如图8-5）。其中，彭家寨为展示土家族吊脚楼的生活式场景博物馆，汪家寨通过上梁台、木匠堂、鲁班阁等集中体现土家族营造技艺，狮毛寨以饮食器具作为古时土家建筑特色的展示中心，曾家寨是土家族另一个国家级非遗织锦技艺的活态展示山寨，由梁家寨和伍家寨分别呈现的滨水建筑和水

第八章　非遗旅游开发的对策与应用 / 189

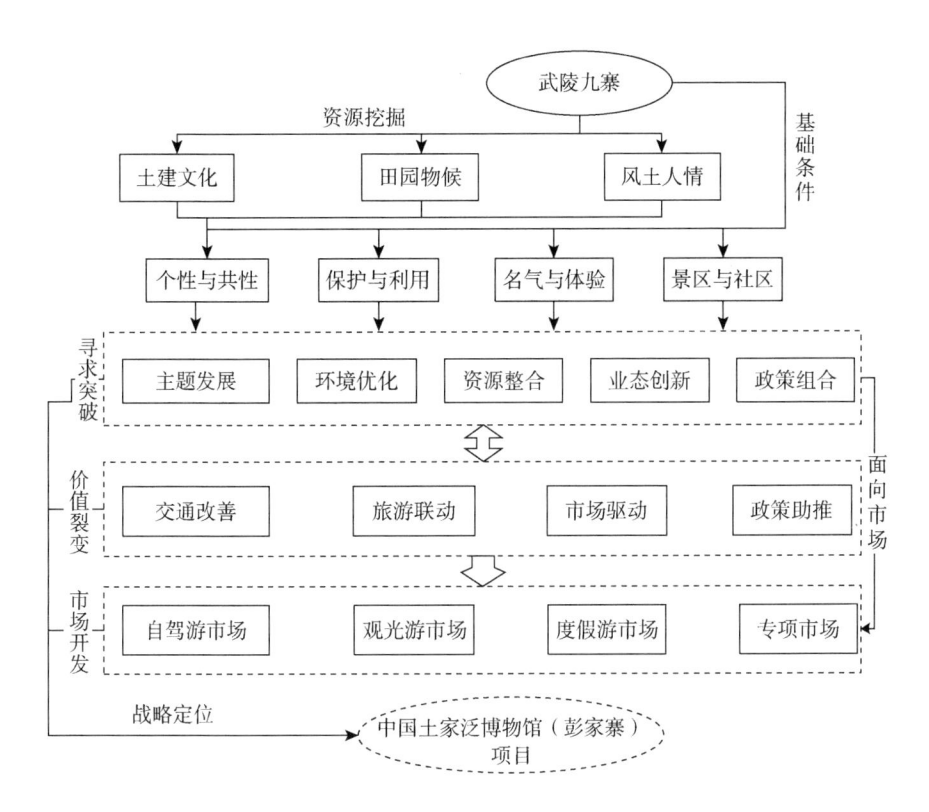

```
                          ┌──────────┐
              资源挖掘    │ 武陵九寨 │              基
                          └──────────┘              础
         ┌───────────┬──────────┬───────────┐      条
         │土建文化   │田园物候  │风土人情   │      件
         └───────────┴──────────┴───────────┘
              ↓          ↓          ↓         ↓
         个性与共性  保护与利用  名气与体验  景区与社区
```

图 8-4　彭家寨项目主题化旅游开发思路

利设施是土家吊脚楼营造技艺里的特殊建筑形式的利用，张家寨、白果寨和唐家寨分别以土家吊脚楼的瓦陶工艺、音乐器具和建筑风水为元素进行主题文化展示和设计。整体上，以非遗土家吊脚楼营造技艺为核心，以土家建筑为主题，形成了整合区域旅游资源的文化旅游区，从微观上挖掘了某一个非遗的特性，并通过演绎，形成系列化又独具特色的旅游产品，是非遗与旅游良好互动的有效试验，同时也是非遗的旅游主题化应用。

综上所述，非遗不仅需要在宏观上进行聚集发展，通过非遗形式和传承人保护，形成非遗传承的产业，还需在微观上探寻非遗与旅游的黏合性，挖掘黏合点，形成主题特色，通过主题元素演绎，扩大非

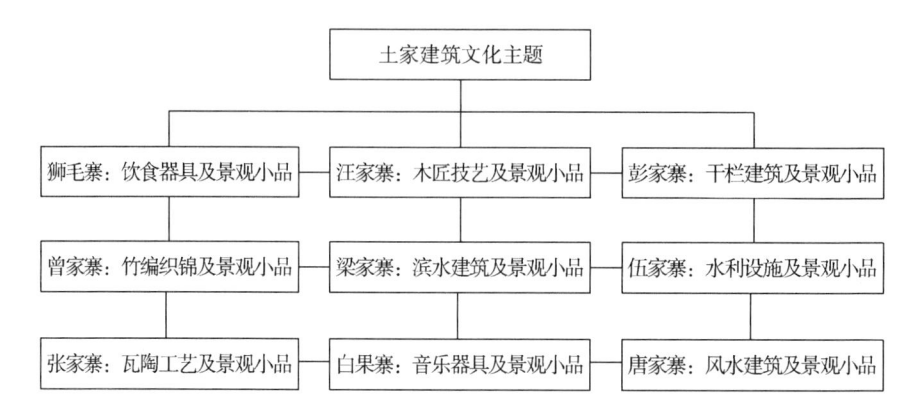

```
                    ┌─────────────────┐
                    │ 土家建筑文化主题 │
                    └─────────────────┘
         ┌──────────────────┼──────────────────┐
┌──────────────────┐ ┌──────────────────┐ ┌──────────────────┐
│狮毛寨：饮食器具  │ │江家寨：木匠技艺  │ │彭家寨：干栏建筑  │
│及景观小品        │ │及景观小品        │ │及景观小品        │
└──────────────────┘ └──────────────────┘ └──────────────────┘
┌──────────────────┐ ┌──────────────────┐ ┌──────────────────┐
│曾家寨：竹编织锦  │ │梁家寨：滨水建筑  │ │伍家寨：水利设施  │
│及景观小品        │ │及景观小品        │ │及景观小品        │
└──────────────────┘ └──────────────────┘ └──────────────────┘
┌──────────────────┐ ┌──────────────────┐ ┌──────────────────┐
│张家寨：瓦陶工艺  │ │白果寨：音乐器具  │ │唐家寨：风水建筑  │
│及景观小品        │ │及景观小品        │ │及景观小品        │
└──────────────────┘ └──────────────────┘ └──────────────────┘
```

图 8-5　彭家寨非遗的主题文化演绎

遗的传播性和延展性，通过主题构建非遗的内生结构、形成非遗的外延范围，促进非遗保护传承与旅游开发的良性互动。

第五节　非遗旅游开发的产品体验化

一　基本内涵

体验经济下，传统的场馆展示等非遗旅游开发模式难以满足游客需求，非遗旅游开发面临着新的挑战。调查研究表明，游客对动态参与体验型非遗旅游产品表现出更高的兴趣[①]。因此，非遗旅游开发要注重游客体验性，针对不同的非遗，设计开发参与度高、体验性强的非遗旅游产品，可以让游客产生更为鲜活的记忆和真实的感受。通过体验和参与，游客可以多层次深入地了解非遗的独特魅力，包括非遗地的风土民情、住宿餐饮体验、民居态度、游玩购物等全方位、立体

---

① 虞阳、戴其文：《基于游客视角的非物质文化遗产旅游开发》，《资源开发与市场》2015年第4期。

式的体验。本案以王昭君传说非遗为例,从旅游线路策划的角度对非遗的产品体验化开发策略加以运用。

二 案例运用

王昭君是民族团结的象征,集大美品质于一身,因和亲形成的"和""美"精神内核,发端于兴山,广布于内蒙古,辐射至全国,影响甚至及于海外。王昭君传说是湖北省宜昌市兴山县的地方民间传说之一,于2008年被列入第二批国家非物质文化遗产名录。在当今和平与发展的时代主题背景下,昭君及其和亲之举蕴涵着极其丰富的和亲、和美、和谐、和平、和合文化,对于促进国家和平发展、民族团结,实现中国梦、中华民族伟大复兴,具有深远意义。昭君和亲路串联着灵山秀水、皇城古都、大漠草原三地风景,联结着长江风情、黄河风情和草原风情,蕴涵着深厚、广博、无穷的文化宝藏和独特、典型、变化的自然风光,可作为独具特色的国家级精品旅游线路打造,同时也是对"昭君传说"非遗的资源整合开发。2019年9月,昭君文化旅游联盟在湖北兴山成立,沿线5省9市39家旅游市场主体联手打造国家级旅游线路。

深挖非遗文化内涵。重走昭君和亲路是以"昭君传说"为源泉,追随昭君出塞之路,结合途经区域的资源特色和昭君文化载体,形成一条在祖国深厚文脉和大好河山的旅程中追忆昭君"和""美"的行迹、"和""美"的境界。从表象上来看,昭君和亲路是一条充满美的路,美包括美人之美、和亲之美、风景之美、故事之美、美食之美。从人生经历与和亲之路的角度出发,衍生出"一路三家多地"逐步升华的和亲人生之路。昭君出生于湖北宜昌,在兴山县的山水之间养育而成,这里是昭君"娘家";入宫后昭君在西安接受宫廷礼乐浸润,是昭君出嫁地；后出塞和亲，作为和平使者到内蒙古推动民族和谐发展，呼和浩特是昭君"婆家"。随着昭君人生经历的改变，风景一路变化，昭君的视野和心境不断开阔，人生也得到逐步塑造和升华。

营造非遗旅游体验环境。昭君一生中有六个最重要的场景，分别发生在三个阶段（少女昭君、宫廷昭君、出塞昭君）（见表8-4）、两段行程（昭君入宫、昭君出塞）和一个归宿（昭君青冢）。在重走昭君和亲线路的策划中，从非遗发生地着手，选取宜昌、西安和呼和浩特三地，将游客带入其中，再结合当地的资源特色和昭君文化为载体，将这六个场景通过情景再现、文学表达、艺术演出、祭拜仪式等形式展现，让游客跟随昭君的视角感受美人境遇、风景变化，体味昭君一生之路、和亲之美，多层次、多方位地营造动态体验氛围。

表8-4　　　　　　　　王昭君传说文化提炼①

昭君一生	线路坐标	三地之景	异域文化	昭君之美	昭君情怀
少女昭君	湖北宜昌	灵山秀水	长江风情	容颜美	情牵一家
宫廷昭君	陕西西安	皇城古都	黄河风情	精神美	情念一国
出塞昭君	内蒙古呼和浩特	大漠草原	草原风情	生命美	情系天下

表8-5　　　　　　　　昭君和亲路场景演绎策划

场景演绎	主题活动	主要内容
香溪浣纱·桃花舞	昭君浣纱	选一位穿布衣的小昭君在香溪浣纱玩水，后坐在石上朗读一段《诗经》。建议朗读篇目为《桃夭》
碧水行舟·柳絮起	昭君别乡	在昭君故里上演，包括昭君表演、告别父老乡亲，折柳赠昭君，分发游客丝巾等，主题活动可与昭君别乡宴一起举行

---

① 阚如良、周军：《基于民族团结进步的昭君文化旅游线路开发研究》，《三峡论坛》2019年第6期。

续表

场景演绎	主题活动	主要内容
长安顾镜·珠帘冷	昭君离宫	在西安宣平里，昭君身穿宫廷汉服出场，部分游客可选择合适的汉服及饰物亲身体验，举行送别昭君的仪式
黄沙走马·鸿雁落	昭君出塞	在响沙湾，游客可面对茫茫沙漠即兴创作关于昭君的作品，在车上朗读和其他游客分享
西域拨弦·烽烟灭	昭君拨弦	游客游览大草原美景的时候，观看昭君穿古代西域服饰进行的琵琶表演
青冢斜阳·芳名驻	祭祀昭君	在呼和浩特昭君墓举行祭祀昭君的活动，游客参与诵读祭文，礼拜昭君。游客将昭君丝带系于祈福树上，许下心愿

构建非遗旅游产品体系。重走昭君和亲路是一条发现美、分享美和收获美的旅行，在线路策划中，围绕"衣、食、住、行、游、购、娱"等要素构建主题线路产品体系。如在三地对应设计昭君别乡宴、大汉宫廷宴以及蒙古风情宴，契合地方特色，彰显线路主题。旅游纪念品也是游客体验的重要内容和渠道，非遗资源承载的历史文化和精神等各种有形和无形要素丰富了旅游纪念品的内涵。据此，可设计琵琶形U盘、昭君丝巾、明信片、帛画、屏风、琵琶和曲谱、汉朝服饰等文创商品，进一步延伸游客体验。

塑造非遗旅游体验品牌。以"借我一程，与美同行"为品牌理念，以旅游活动为载体，不断创新完善，塑造非遗旅游体验品牌根基，结合营销宣传，打响品牌影响力。

产品体验化是非遗学习和传承的一种途径，在一定程度上使参与受众深化对非遗的理解和感受，在产品体验化开发时要注重非遗本体文化的保护，要避免市场化地过度开发而破坏非遗的本真性，起到适得其反的效果。

第六节　非遗旅游开发的活动场景化

一　基本内涵

大部分非遗项目的保护与传承只能通过传统方式记载或口传身授等方式传播，受众只能通过报纸、书籍、广播、电视等方式接收相关方面的信息，传播手段的滞后阻塞了受众接收了解非遗的渠道[①]，在"互联网+""旅游+"跨界融合的趋势下，非遗的创新传播及渠道更新是非遗宣传的必然要求。旅游与非遗融合形成的旅游节事，作为一种新的旅游产品形式，为非遗旅游开发和营销提供了新思路。非遗旅游节事是以非遗资源为基础，通过主题提炼、合理发散、系列策划，彰显非遗特色。通过旅游开发来吸引游客观光游览体验，并以此实现资源向资本转化。通过场景化、动态化的节事活动举办，可以更直观地向游客展示非遗，让受众更易于了解，达到营销与文化旅游体验双重功效。旅游活动的策划过程就是对非遗的传承与创新过程，再通过形象包装和活动举办在游客受众中进行宣传普及。本书以古隆中地名传说及诸葛亮人物传说等国家级非物质文化遗产名录为例，对非遗旅游活动场景化的开发策略加以运用。

二　案例运用

古隆中位于我国历史文化名城、三国文化发源地湖北省襄阳市，是青年诸葛亮隐居成才之地，诸葛亮在此抱膝高吟、躬耕陇亩长达十

---

① 马莉娟：《产业化视角下非物质文化遗产旅游开发研究》，《现代商业》2016年第26期。

年之久，历史上著名的"三顾茅庐"和"古隆中对"都发生于此，沉淀了以躬耕田、六角井、草庐遗址、抱膝亭及武侯祠、石牌坊等历史遗迹作为后人纪念颂扬传承载体的物质与非物质的文化资源，是襄阳市价值极高、特色鲜明的景观资源，也是隆中国家级风景名胜区的核心区。但这些文化资源或局限于口头，或流于书面形式，核心景区发展主要依靠文物展示等观光旅游产品，文化的活态展示和游客互动体验欠缺。2014年，三国传说入选第四批国家级非物质文化遗产名录。近年来，以创国家5A级旅游景区为契机，景区举办了一系列主题文化节事活动，非遗传承和开发力度进一步加大，景区品牌和知名度不断提升，文化做活了，市场做火了，2020年年初成功晋升国家5A级旅游景区，实现襄阳5A级旅游景区零的突破。

提炼出智慧文化主题，构筑场景化基调。古隆中景区围绕草庐遗址、六角井、抱膝亭、石牌坊、武侯祠、三顾堂、卧龙岗等物质和非物质要素，结合诸葛亮在古隆中修身养性的人生经历，从人生智慧（见表8-6）、思想智慧（见表8-7）和学科智慧（见表8-8）三个方面对古隆中智慧文化进行诠释，为主题节事活动策划提供了内涵丰富的文化源泉。

表8-6　　　　　　　　　诸葛亮人生智慧解读

六爻	卦辞	诸葛亮人生阶段	人生智慧
初九	潜龙勿用	古隆中耕读阶段：躬耕陇亩、择妇安家、交友拜师、勤求学问，关心时局，静待时机准备出山	修身养性 塑造价值
九二	见龙在田，利见大人	刘备三顾茅庐至赤壁大战阶段：诸葛亮出山，展现出杰出的政治才能，这里的"利见大人"的大人指的是刘备	把握机会 施展才华
九三	君子终日乾乾，夕惕若厉，无咎	贯穿诸葛亮出山至刘备白帝城托孤时期：一方面兢兢业业地工作，一方面处理与团队、领导的关系，谨慎对待人和事物	认真务实 谦虚谨慎

续表

六爻	卦辞	诸葛亮人生阶段	人生智慧
九四	或跃在渊，无咎	刘备托孤时期：在人生和事业发生转折的时期，能够坚守自我，认清方向，没有在关键时刻迷失方向	坚守自我认清方向
九五	飞龙在天，利见大人	蜀国丞相阶段：诸葛亮人生最辉煌的时期，得到后主的信任，使诸葛亮的抱负有了尽情发挥的平台	站稳舞台尽情表演
上九	亢龙有悔	晚年阶段：诸葛亮身为蜀国丞相没有居功自傲，依然躬身表率、克勤克俭、兢兢业业，为恢复汉室鞠躬尽瘁，为千古传颂	谦逊内敛善始善终

表 8-7　　　　　　　　　　诸葛亮思想智慧解读

形象	特征	表现	思想智慧
儒家	修身	耕读、立志、养德、蓄才	儒为心
	齐家	纳丑妻、诫子书、种桑树	品德
	治国	尚贤、劝农、廉明、精湛	进取
	平天下	谋取荆川、扶持蜀国、南征北伐	典范
道家	隐居	卧隐古隆中，羽扇纶巾	道为本
	自然	天时地利，掌控水火	宁静
	道行	借东风、观天象、摆奇阵	规律
	分天下	洞察格局，借势三分	完善
法家	治军	纪律严明，发挥实力	法为身
	征战	锦囊妙计，以少胜多	制度
	赏罚	公私分明，务实合理	原则
	谋天下	强军强国，谋求一统	管理

表 8-8　　　　　　　　　　诸葛亮学科智慧解读

才能	表现	学科智慧
书法家	北宋时周越所著《古今法书苑》记载："蜀先主尝作三鼎，皆武侯篆隶八分，极其工妙。"	书法
画家	唐朝张彦远在《历代名画记》中写道："诸葛武侯父子皆长于画。"	绘画

续表

才能	表现	学科智慧
器乐家	制作和弹奏七弦琴和石琴，音乐理论专著：《琴经》	音乐
发明家	发明木牛流马和孔明灯等，并在军事战争中巧妙运用，效果显著	物理
政治家	作为军师和丞相，善于培养和使用人才；鼓励桑树种植和蜀绣生产；看清形势，说话做事合情合理；等等	管理学、经济学、处世哲学、营销学
军事家	遵循天时地利，看地理，观天象；善于推测他人心思并巧妙应用；军事战略谋划得当，胜率高	地理学、气象学、心理学、军事学
散文家	《出师表》《诫子书》措辞精巧，语言艺术水平高，文笔精神，内容丰富，能打动人	文学、修辞学

策划主题场景活动，构建节事化体系。围绕智慧文化主题，策划主题鲜明、类型多样的情景化旅游节事活动，形成"一主多辅"的节事活动体系。

"一主"即全国首台实景演出的影像话剧《草庐·诸葛亮》，为景区内常设活动。该剧由中国实景演出创始人梅帅元先生的主创团队精心创作打造，通过多媒体影像和话剧有机融合的创作技巧，还原了有血有肉的诸葛亮先生在生活中的景象，讲述了诸葛亮"卧隆中、谋天下"的智者韬略、一诺一生的婚姻哲学、运筹帷幄的军事才能和鞠躬尽瘁、死而后已的忠义官德，再现了诸葛亮传奇的一生，为游客提供了一场视听盛宴。全剧按《隆中对》《丑妻吟》《赤壁赋》三幕逐步展开：

第一幕 隆中对

大雪飞扬，绵绵起伏的隆中山被渐渐染白，山腰的茅庐正在上演家喻户晓的隆中对。东汉末年，群雄逐鹿，刘备心怀天下，三顾茅庐拜请诸葛孔明，以解救天下苍生为己任，感动了隐居的卧龙先生。自此，一曲《隆中对》也就成就了三国鼎立的局面。

第二幕　丑妻吟

春日的曙光中，草庐笼罩在金色的阳光下，木牛流马相伴，襄阳"丑女"黄月英款款而来，黄头黑面的外表下，内心聪明贤惠，情郎孔明掀起红布步入洞房。卧龙山下，才子佳人耕田种棉、纺线织锦，编织着智圣丈夫的伟大一生。

第三幕　赤壁赋

江天一色，小舟漂泊，诸葛亮和他的书童谈笑风生。水天远，船灯明，笑声里，充满着即将上演舌战群儒的俊逸从容。诸葛亮借《铜雀台赋》智激周瑜，点燃赤壁之战的大火，烧退曹兵。天下三分之势在熊熊火焰中已成定局，三顾茅庐时《隆中对》的情景依依再现。

通过艺术家们精致妆容和特色服饰下的生动表演，将诸葛亮人物形象及其精神集中展示给游客，让游客获得更为生动、深刻的记忆。

"多辅"即在法定节假日期间，围绕景区文化定位，顺势开展的主题活动和文艺演出，如古隆中景区在教师节当天举办"千名萌娃诸葛启智礼"，身着汉服的萌娃在国学老师的带领下进行的正衣冠、拜先师、点朱砂、练描红等环节，既契合教师启迪智慧的市场主题，又与诸葛亮文化一脉相承。

围绕"以节庆促文化、以文化带旅游"的思路，通过强势宣传、品牌塑造、产品创新和企业协作，开展系列营销活动，提升古隆中旅游的知名度、美誉度、品牌价值和文化品位，同时也刺激文化消费带来经济收益。据此，可策划系列主题节事活动（见表8-9）。

表 8-9　　　　　　　　古隆中景区主题节事活动策划

举办时间	主题节庆	推广口号	活动内容
春季	汉服巡游节	盛世三国源·中华汉服游	邀请全国汉服社团协会、千人汉服巡游、三国动漫角色扮演、T台秀
	襄阳牡丹节	襄阳三月三，隆中看牡丹	古隆中牡丹盛会、户外写生、美食购物
夏季	诸葛亮智慧文化节	触摸诸葛亮，聆听古隆中	祭祀大典、状元林植树、歌舞表演
	月亮相亲节	一诺一生，甜蜜古隆中	万人相亲会、情侣互动、节日纪念赠品
秋季	三国风情篝火晚会	梦回三国	风情篝火晚会、三国文化露天演出、美食烧烤
	孔明灯许愿节	从未如此·亮	万人放飞孔明灯、夜游古隆中
冬季	襄阳美食汇	襄阳美食——偏偏喜欢你	名厨汇集、襄阳地方美食、创意菜品展示
	襄阳年货节	年年年味，浓浓古隆中	年货展出盛会、美食购物节

第七节　非遗旅游开发的产业融合

一　基本内涵

非遗与旅游业融合发展是产业融合大趋势下的产物，旅游业的发展为非遗传承提供了新的空间和机遇，产业融合可提高非遗的文化消费力，实现文化资源向文化资本的转变。从已有的研究成果来看，学术界普遍认为，非遗与旅游业的融合路径主要有开发型、体验型、创造型和功能型四种方式①。

---

① 蔡寅春、方磊:《非物质文化遗产传承与旅游业融合发展：动力、路径与实例》，《四川师范大学学报》（社会科学版）2016 年第 1 期。

产业融合化遵循"旅游+""+旅游"的全域旅游发展理念,重点是在游客旅游消费的产业链上做足文章。非遗旅游开发就是从游客消费的"食住行游购娱"六要素,再到"商养学闲情奇"新六要素这些消费领域做到产业融合。

二 案例运用

本书以远安县"双花廊"为例,对二十四节气这一非遗与旅游业融合进行实际运用。二十四节气是中国古代订立的一种用来指导农事的补充历法,是中国古代农业文明的具体表现,自2006年被列入第一批国家级非物质文化遗产代表性项目名录后,另于2016年11月,被正式列入联合国教科文组织人类非物质文化遗产代表作名录,然而对于节气习俗的了解乃至已纳入非遗名录这一成就知之者甚少。可见,对二十四节气的宣传保护工作任重道远,尤其是二十四节气申遗成功之后,对节令文化的重新理解及其旅游文化价值有待进一步研究。

"双花廊"即双泉村和花园村两村组成的风景廊道,长约10公里,位于远安县鸣凤镇南郊,主干道路为硬化路面,两侧沿线种植有红色紫薇花和白杨树。其中,双泉村树木众多,现有约230亩的景观植物种植基地,包括红色紫薇、金色桂花、对节白蜡、玫瑰、月季、枇杷等;花园村是鸣凤镇率先实施农业综合开发村之一,建有香菇种植大棚和百亩龙脑樟药材育苗基地。

结合双泉村、花园村的景观特色和产业基础,规划立足于我国传统乡村生产生活,通过飞地化开发,利用国家非物质文化遗产——二十四节令文化对10公里主干道进行主题化景观改造和养生休闲特色化发展,形成以节令养生为特色,大众乡村休闲、田园观光为主体,突出亲子户外休闲、农事体验、科普教育、游乐互动等专项旅游，打造集观光休闲、娱乐体验、教育科普于一体的多功能主题乡村风景廊道。通过文旅融合，赋予双花廊深刻的文化内涵，引起游客共鸣，吸引游客，增加回头率。

在创新融合路径上，双花廊通过节令文化与景观元素融合，对10公里主干道进行景观改造和优化，沿风景廊道打造24个休闲旅游及服务节点（具体见表8-10），多方面体现与之对应的节令文化及习俗，整体突出节令民俗文化主题。下面以谷雨和小满为例，对景观节点的打造详细叙述。

表8-10　　　　　　　　二十四节令景观节点

景观名称	对应节庆	节点功能	景观名称	对应节庆	节点功能
春回大地	立春	引景大门	梧桐知秋	立秋	观景平台
甘泉润物	雨水	综合服务点	黍米渐沉	处暑	综合服务点
紫燕迎客	惊蛰	农家乐	秋月带霜	白露	农家乐
春暖花开	春分	主题农庄	丹桂凝香	秋分	自行车休息点
清明踏青	清明	花卉观景平台	夕露沾衣	寒露	小池农家
雨生百谷	谷雨	稻田观景平台	晨霜染林	霜降	自行车停靠点
小荷立夏	立夏	农家乐	朔月临冬	立冬	自行车停靠点
叶半青黄	小满	乡村客栈	玲珑飞花	小雪	观景平台
麦刈稻起	芒种	综合服务点	寒梅傲雪	大雪	食用菌种植基地
草绿花红	夏至	观景平台	阑干砌玉	冬至	农家乐
村舍听蝉	小暑	水上休闲	冰雪奇缘	小寒	龙脑樟种植基地
荷塘月色	大暑	乡村客栈	辞旧迎新	大寒	百宝寨入口

以谷雨节令为例，将稻田观景平台命名为"雨生百谷"，将连片农业种植区进行创意景观打造，形成特色大地景观，并根据稻田分布情况，打造特色生态观景平台；在民居聚集区内选取代表性农户作为民居改造样本，结合周边田园风光背景，凸显谷雨农事乡土民俗，进

行外墙装饰和院落优化,形成诗画乡村。

以小满节令为例,将原有老房子改造成客栈,命名为"叶半青黄",结合栽桑种梓,根据农谚进行外围文化墙建设,保持老房子独特风格,并对其内部功能进行完善,形成特色乡村客栈;利用时令蔬果进行家庭庭院布置,可以搭棚种植如石榴、葡萄、橘子等水果,让游客在果棚绿荫下就餐,且能直接摘取水果现场榨成果汁饮用。

在开发融合上,依托农业生产与节令文化的密切关联性,立足于我国传统二十四节令民俗文化,以节令养生为特色,大众乡村休闲、田园观光为主体,突出"节令养生"特色,在展示当地自然山水、田园风光和农耕节事的同时,深度挖掘富有乡土色彩和健康养生的休闲旅游。

在功能融合上,以节令文化为主题,以节令养生为特色,以市场定位为导向,以旅游消费为引擎,根据不同客源群体需求,设计以风景廊道、生态田园和花木基地为内容的观光产品,以民俗风情观赏、田园绘画摄影、农业生活体验和节令特色餐饮为内容的休闲产品,以乡间骑行、漫步垂钓、乡村节令趣味主题活动等为内容的娱乐产品及以乡土生态教育、节令养生科普和农业科技观摩为内容的科普产品等旅游产品体系。

在体验融合上,通过各种节庆活动将非遗与旅游体验加以整合,设计迎春会、钓龙虾比赛、秋田娱乐会和厨艺大赛等二十四个节令主题活动(详见表8-11)。

表8-11　　　　　双花廊二十四节令主题活动设计

活动	时间	简介
迎春节	立春时节	春节前后,贴"宜春贴",吃春卷、绘迎春彩蛋、互贺新春

续表

活动	时间	简介
节令诗歌会	雨水时节	举行与节令或农耕相关的诗词、谜语、成语接龙等比赛
自行车比赛	惊蛰时节	开春渐暖,为倡导健康运动,开展乡村自行车赛
植树节	春分时节	春暖花开,在景观基地开展植树、认植活动,倡导爱护树木
油菜花节	清明时节	清明踏青,享自然美景,驱车至双花廊观漫山油菜花开胜景
风筝节	谷雨时节	绿色时节,放飞心情,在风景如画的田野进行风筝比赛
钓龙虾比赛	立夏时节	小荷立夏,龙虾美宴渐至,举办钓龙虾比赛,增添乡野趣味
捉泥鳅比赛	小满时节	远安土泥鳅远负盛名,在淡水养殖基地开展捉泥鳅趣味比赛
儿童农耕节	芒种时节	芒种季节忙夏收,结合儿童节举办农耕活动,增强体验性
帐篷节	夏至时节	夏季正当时,暑期将来临,带着帐篷一起去露营
嬉水节	小暑时节	盛夏渐至,通过举办嬉水节,消夏解暑
啤酒节	大暑时节	啤酒佳节,尽享美食、畅饮开怀,欢度盛夏
秋田娱乐会	立秋时节	一候凉风至,吃西瓜、烤苞谷、烧泥鳅,尽享秋田乐趣
紫薇花节	处暑时节	天气转凉,出游迎秋,赏十里紫薇花廊,享双花视觉盛宴
采摘节	白露时节	金秋九月,喜获丰收,开展采摘橘子、南瓜、苞谷等比赛
摄影大赛	秋分时节	秋高气爽,黄绿交接,色彩斑斓,通过摄影大赛留住诗画乡村
品茗会	寒露时节	天渐寒,登高望远,畅饮菊花茶,低吟寒露谣
乡村服装秀	霜降时节	初霜初现,落叶归根,通过创意DIY,利用乡间落叶举办服装秀
厨艺大赛	立冬时节	"立冬补冬,补嘴空",乡村父老齐聚双花,共秀厨艺贺新冬
年猪会	小雪时节	杀年猪,迎新年,腌腊肉、晒鱼干,为寒冷季节增添热闹气氛
养生节	大雪时节	寒岁时节,最宜养生,通过养生主题宴、养生讲堂举办养生节
饺子节	冬至时节	冬至吃水饺是一传统习俗,通过包饺子比赛赛出温暖
冰雪嘉年华	小寒时节	在深冬季节通过堆雪人、打雪仗等系列冰雪活动,活络筋骨
乡村春晚	大寒时节	举办乡土风味的乡村春晚,辞旧迎新添风采

通过产业融合对二十四节令非遗进行整合开发,满足游客全方位的体验消费需求,同时把节令文化景观化、产品化、功能化、活动化,把农村治理得更像农村,成为"看得见山、望得见水"的美丽乡愁体验地。通过农旅产业全方位的融合发展,让游客在乡村旅游中体验非遗文化内涵,让游客品味不同节令下的养生美食,倡导健康旅游生活方式。在此基础上,开展二十四节令的主题研学旅游活动,让更多的

青年学子了解我国的二十四节令非遗文化，包括节令民俗文化、节令民俗活动、节令农事谚语、节令天象景观等。不仅建设了特色鲜明的美丽乡村，还保护传承了二十四节令非遗文化，丰富了居民和游客的休闲生活。

第九章　研究结论与展望

第一节　研究结论

　　非物质文化遗产既是宝贵的精神财富，又是不可多得的文化资本，无论是基于具体实践还是基于理论研究，非遗的旅游产业化发展都是不可回避的现实问题。我国非遗文化丰富多彩，其载体是活态的"人"，一旦消失是不可再生的，传承是对非遗的最好保护，而旅游开发是积极的保护传承方式，非遗旅游开发要以非遗保护传承为首要任务，要始终坚持保护为主、抢救第一。当前非遗的商业化开发实践中，不同程度地存在过度商业化、低级趣味化和庸俗化等问题，因此，需要科学处理好非遗保护传承与旅游开发之间的关系。当然，并不是所有的非遗都能被旅游业所利用，不同类型非遗的旅游价值和开发模式也是不同的。本书围绕"非遗保护传承与旅游开发互动机制和非遗旅游开发模式"这一研究重点和"非遗旅游开发的适宜性评价"这一难点展开，同时结合鄂西山区非遗的旅游开发实践，坚持理论构建与实践应用相结合，得出了以下结论。

　　（1）提炼总结了非遗的无形性、特殊性、地域性、多元性、活态性和脆弱性等特征，分析了非遗保护传承存在的协同发展、法制建设、科技支撑、大众参与、创意开发、适宜方式、政府支持、后续发展八大问题。

（2）构建了非遗保护传承与旅游开发的 PPB 三圈耦合机制，即在分析非遗的旅游价值和旅游促进非遗保护传承作用的基础上，探讨了二者之间的相互促进效应、交互约束效应，总结得出了由保护圈（P）、发展圈（P）和效益圈（B）相互作用的非遗保护传承与旅游开发的 PPB 三圈耦合机制。

（3）构建非遗旅游开发适宜性的 PCPIB 五维度评价模型。从开发潜力（P）、开发条件（C）、保护性（P）、传承性（I）和预期开发效益（B）五个维度的准则层和 25 个评价因子层，构建了非遗旅游开发适宜性评价模型（百分制），划分为五个等级（优、良、中、较差、差）评价非遗旅游开发的适宜性。

（4）归纳总结了非遗的四分法旅游开发模式。即表演艺术类的生境舞台表演模式、传统技艺类的文化空间再造模式、文学作品类的文化场景演绎模式、传统习俗类的特色节庆活动模式，分别从开发条件、开发手段、表现形式、产品内容对四种模式进行比选分析，提出了"分析—选择—实施—评估"四步分析法。

（5）非遗旅游商品的地方感开发方式。基于地方感和符号价值理论，分析了非遗旅游商品的双重性和二元性特征，建立了基于互利共生的非遗旅游商品地方感开发模式，提出了非遗旅游商品开发流程与方法。

（6）非遗旅游开发的六大策略。结合作者主持编制的旅游规划案例，针对旅游目的地非遗的整合开发，总结出了人本范式、品牌 IP 化、项目主题化、产业融合化、产品体验化、活动场景化六大策略。

第二节　研究不足

本书的研究仍有一定的局限性，也存在诸多的不足，主要表现在：

（1）非遗旅游开发适宜性评价模型的广泛验证与推广。尽管本书探索提出了非遗旅游开发适宜性的 PCPIB 评价模型，也以世界非物质文化遗产端午节（秭归）为实证案例进行论证，但与博大精深的非遗和蓬勃发展的全域旅游相比较，仍需要扩大这一模型的验证，并在实践中加以推广；

（2）非遗四分法旅游开发模式的系统整合局限性。尽管本书针对全国代表性非遗总结提炼了相应的四分法开发模式，但就旅游目的地而言，非遗资源不是个体孤立存在而是不同类型复合存在的，这种以非遗单体资源提炼的开发模式需要结合旅游目的地建设进行系统整合研究；

（3）非遗旅游开发实践探索的地域局限性。本书坚持理论构建与实践探索相结合，但非遗旅游开发的实践探索仅局限于鄂西山区，研究形成的理论成果仍需要在更大的范围内拓展。

第三节 研究展望

展望未来，非物质文化遗产是全域旅游发展的重要资源，是不断满足人民日益增长美好生活需要的精神财富，需要采取适宜的旅游开发方式来激活其价值。一是在实践探索上需要验证并推广非遗旅游开发适宜性的评价模型，期待更多的学者选取不同区域、不同类型、不同等级的非物质文化遗产进行拓展性的实证研究，不断验证、修改和完善，提高评价指标体系和标准的普适性。二是在理论构建上需要立足于旅游目的地系统的全域发展，期待更多的学者参与全域非遗资源的系统整合研究（包括与物质文化遗产的整合），进一步丰富非物质文化遗产保护传承与旅游开发的理论体系。

参考文献

白雪、金丽、李烨:《非物质文化遗产旅游开发模式研究——以天津为例》,《旅游纵览》2014年第6期。

毕亮:《扬州非物质文化遗产旅游资源的保护与开发》,硕士学位论文,扬州大学,2010年。

蔡守秋、常纪文:《国际环境法学》,法律出版社2004年版。

蔡寅春、方磊:《非物质文化遗产传承与旅游业融合发展:动力、路径与实例》,《四川师范大学学报》(社会科学版)2016年第1期。

曹诗图、鲁莉:《非物质文化遗产旅游开发探析》,《地理与地理信息科学》2009年第4期。

陈传亚:《非物质文化遗产的"活态旅游"发展研究——以古琴虞山琴派为例》,《长沙大学学报》2015年第6期。

陈建宪:《文化创新与母题重构——论非物质文化遗产在现代社会的功能整合》,《民间文化论坛》2006年第4期。

陈天培:《非物质文化遗产是重要的区域旅游资源》,《经济经纬》2006年第2期。

陈炜、陈能幸:《西部地区非物质文化遗产旅游开发适宜性评价指标体系与评价模型构建》,《社会科学家》2011年第10期。

陈炜、蒋剑、唐景薇：《试论旅游开发对侗族非物质文化遗产保护的影响——以广西三江侗族自治县为例》，《黑龙江民族丛刊》（双月刊）2010年第5期。

陈炜、唐景薇：《旅游开发对少数民族非物质文化遗产保护的影响研究》，《前沿》2010年第15期。

陈炜、杨曼华：《论西部地区非物质文化遗产旅游开发适宜性评价的必要性与可行性》，《社会科学家》2011年第2期。

崔凤军：《旅游与非物质文化遗产保护》，《云南社会科学》2010年第4期。

崔凤军、罗春培：《旅游与非物质文化遗产的保护》，《法制与社会》2006年第19期。

Dean MacCannell：《旅游者：休闲阶层新论》，张晓萍等译，广西师范大学出版社2008年版。

Ferdinand de Saussure：《普通语言学教程》，高名凯译，商务印书馆1996年版。

范春：《近十年我国非物质文化遗产研究进展综述》，《广西社会科学》2013年第9期。

范玉娟：《非物质文化遗产的旅游开发研究》，硕士学位论文，上海师范大学，2007年。

冯永泰：《民族地区非物质文化遗产的原真性保护与旅游开发》，《黑龙江民族丛刊》2011年第6期。

《国务院关于加强文化遗产保护的通知》，《中华人民共和国国务院公报》2005年第42号。

高曼：《文化生态环境及其建设研究——以羌族文化生态保护实验区为例》，硕士学位论文，成都理工大学，2013年。

顾金孚、王显成：《非物质文化遗产旅游资源价值评价体系初探》，

《资源开发与市场》2008年第9期。

顾军、苑利：《文化遗产报告：世界文化遗产保护运动的理论与实践》，社会科学文献出版社2005年版。

郭艳萍：《非物质文化遗产旅游开发研究——以山西省为例》，《生产力研究》2011年第2期。

贺小荣、谭志云：《非物质文化遗产旅游吸引力的评价与启示》，《南京社会科学》2013年第11期。

胡绍华、阚如良、曹诗图：《宜昌非物质文化遗产旅游开发研究》，《特区经济》2006年第9期。

湖北省枝江县地方志编纂委员会：《枝江县志》，中国城市经济社会出版社1990年版。

黄继元：《云南省非物质文化遗产旅游开发研究》，《旅游研究》2009年第4期。

纪文静：《中国非物质文化遗产旅游开发研究》，硕士学位论文，华中师范大学，2007年。

贾鸿雁：《论我国非物质文化遗产的保护性旅游开发》，《改革与战略》2007年第11期。

金准：《我国旅游业发展进程中的非物质文化遗产保护与利用》，《生态经济》2016年第2期。

阚如良：《城市建设与文化旅游业系统整合研究——基于城市产业演进的视角》，《三峡大学学报》（人文社会科学版）2015年第6期。

阚如良：《论旅游开发与非物质文化遗产传承》，《旅游论坛》2008年第3期。

阚如良：《文旅互动让鲜活非遗焕发生机》，《光明日报》2013年10月2日第3版。

阚如良、李肇荣：《论旅游开发与非物质文化遗产传承》，《旅游论坛》2008年第3期。

阚如良、史亚萍、Hsiang-te Kung、周宜君：《民族文化遗产旅游地妇女社会角色变迁研究——以三峡步步升文化村为例》，《旅游学刊》2014年第4期。

阚如良、史亚萍：《非物质文化遗产旅游开发的"人本范式"》，《光明日报》2014年6月11日第16版。

阚如良、曾煜：《基于地方感的旅游商品开发研究——以屈原故里端午节为例》，《资源开发与市场》2015年第7期。

劳越明：《非物质文化遗产传承与文化创意旅游对接模式研究——以"绍兴花边"为例》，《经济研究导刊》2016年第31期。

雷蓉、胡北明：《非物质文化遗产旅游开发的必要性分析——基于保护与传承的视角》，《贵州民族研究》2012年第2期。

雷蓉、胡北明：《非物质文化遗产旅游开发模式分类研究》，《商业研究》2012年第7期。

李刚：《非物质文化遗产保护与旅游开发的互动关系研究》，《大理学院学报》2014年第5期。

李荣启：《非物质文化遗产生活性保护的理念与方法》，《艺术百家》2016年第5期。

李永乐：《非物质文化遗产与中国目的地营销》，《旅游学刊》2009年第4期。

梁军：《地域文化对旅游商品设计的研究价值剖析——以徽文化为例》，《重庆科技学院学报》（社会科学版）2012年第6期。

梁圣蓉、方淑荣：《南通市非物质文化遗产旅游开发模式研究》，《科技视界》2012年第29期。

梁圣蓉、阚耀平：《非物质文化遗产的旅游价值评估模型》，《南通大学学报》2011年第6期。

刘河：《青岛非物质文化遗产旅游开发研究》，硕士学位论文，中国海洋大学，2008年。

刘建平、陈娇凤：《论旅游开发与非物质文化遗产保护》，《贵州民族研究》2007年第3期。

刘茜：《试用科学发展观认识非物质文化遗产保护与旅游发展》，《西北民族研究》2005年第2期。

刘莎：《非物质文化遗产旅游开发适宜性研究——以秭归屈原故里端午节为例》，《云南地理环境研究》2014年第4期。

刘玉清：《把非物质文化遗产推向休闲市场》，《市场观察》2003年第3期。

刘志军：《非物质文化遗产保护中的大众参与——以主客位视角为中心的探讨》，《文化艺术研究》2009年第2期。

陆军：《实景主题：民族文化旅游开发的创新模式——以桂林阳朔"锦绣漓江·刘三姐歌圩"为例》，《旅游学刊》2006年第3期。

吕宁：《旅游体验中的地方感研究》，硕士学位论文，东北财经大学，2010年。

吕智敏：《四川手工技艺非物质文化遗产的旅游开发与保护》，硕士学位论文，四川大学，2007年。

罗明义：《现代旅游经济学》，云南大学出版社2009年版。

林庆：《云南非物质文化遗产的保护和开发》，《云南社会科学》2004年第4期。

闵敏：《区域旅游开发中旅游主题的RMP分析》，《高等函授学报》（自然科学版）2003年第2期。

马莉娟：《产业化视角下非物质文化遗产旅游开发研究》，《现代商业》2016年第26期。

苗雪玲：《旅游商品概率性定义与旅游纪念品的地方特色》，《旅游学刊》2004年第1期。

倪晓月：《从文化旅游角度分析非物质文化遗产保护策略》，《大众文艺》2017年第8期。

欧阳正宇：《非物质文化遗产旅游开发研究》，博士学位论文，兰州大学，2012年。

Philip Kotler, Kevin Lane Keller：《营销管理》（第十二版），梅清豪译，上海人民出版社2006年版。

潘年英：《从贵州从江县的实践看少数民族非物质文化遗产的保护和利用》，《理论与当代》2005年第6期。

彭小舟、尹华光：《非物质文化遗产旅游开发潜力评估体系的构建方法探析》，《中国商贸》2011年第3期。

祈庆富：《论非物质文化遗产保护中的传承及传承人》，《西北民族研究》2006年第3期。

乔晓光：《非物质文化遗产与大学教育和民族文化资源整合》，《美术研究》2003年第1期。

秦艳培：《非物质文化遗产保护性旅游开发路径探讨》，《洛阳师范学院学报》2012年第10期。

秦艳培：《非物质文化遗产旅游商品性的开发》，《郑州大学学报》（哲学社会科学版）2012年第4期。

卿尚东、陈倩：《旅游景区之旅游商品设计探析——以A景区重庆磁器口为例》，《时代经贸》2007年第8期。

Roland Barthes：《符号学原理》，李幼蒸译，中国人民大学出版社2008年版。

［法］让·鲍德里亚：《物体系》，林志明译，上海人民出版社2001年版。

沈为林：《我国非物质文化遗产旅游开发现状研究》，《商场现代化》2015 年第 30 期。

施仲军：《旅游发展中白族农村女性家庭角色的变迁——以云南省鹤庆县新华村为例》，《云南财贸学院学报》2005 年第 6 期。

时吉光、喻学才：《我国近年来非物质文化遗产保护研究综述》，《长沙大学学报》2006 年第 1 期。

史亚奇：《非物质文化遗产传承与旅游经济可持续发展相关性研究》，《中国商论》2017 年第 22 期。

宋俊华：《非物质文化遗产特征刍议》，《江西社会科学》2006 年第 1 期。

苏卉：《非物质文化遗产旅游价值的多层次灰色评价》，《北京第二外国语学院学报》2010 年第 9 期。

孙根年：《非物质文化遗产旅游开发影响研究》，《旅游科学》2013 年第 4 期。

孙青、张捷：《中国首批国家非物质文化遗产的旅游资源价值评价》，《旅游学研究（第二辑）——文化遗产保护与旅游发展国际研讨会论文集》，2006 年。

谭志国：《土家族非物质文化遗产保护与开发研究》，博士学位论文，中南民族大学，2011 年。

唐文跃、张捷、罗浩等：《九寨沟自然观光地旅游者地方感特征分析》，《地理学报》2007 年第 6 期。

陶汉军、林南枝：《旅游经济学》，上海人民出版社 1994 年版。

田伦：《把旅游购物放在突出地位》，《中国旅游报》1998 年 4 月 6 日。

汪芳、黄晓辉、俞曦：《旅游地地方感的游客认知研究》，《地理学报》2009 年第 10 期。

汪宇明、马木兰：《非物质文化遗产转型为旅游产品的路径研究——

以大型天然溶洞实景舞台剧〈夷水丽川〉为例》,《旅游科学》2007年第 4 期。

王承:《非物质文化遗产保护和开发研究——以凤阳凤画为例》,《湖北经济学院学报》(人文社会科学版)2015 年第 9 期。

王大悟:《巴拿马旅游业 TCR 行动计划述评——兼析生态旅游和遗产旅游概念的内涵》,《社会科学》1999 年第 7 期。

王荻、袁尽辉、许劼:《历史城镇非物质文化遗产的旅游开发模式浅析——以码头古镇为例》,《上海城市规划》2010 年第 3 期。

王鹤云:《非物质文化遗产的多元价值分析》,《中国文化报》2008年 7 月 16 日第 003 版。

王健:《非物质文化遗产与旅游的不解之缘》,《旅游学刊》2010年第 4 期。

王健民:《挖掘非物质文化遗产的旅游价值(上)》,《中国旅游报》2006 年 3 月 8 日第 013 版。

王宁:《界定:非物质文化遗产保护的第一步》,《中国民族》2003年第 3 期。

王雪、杨存栋:《内蒙古非物质文化遗产旅游开发探究》,《干旱区资源与环境》2011 年第 12 期。

王永宽:《八仙传说故事的文化底蕴探析》,《中州学刊》2007 年第 5 期。

王玉玲:《新疆非物质文化旅游资源开发模式研究》,硕士学位论文,华东师范大学,2009 年。

王云霞:《文化遗产的概念与分类探析》,《理论月刊》2010 年第 11 期。

王振、刘丽华:《谈世界文化遗产的完整性与原真性》,《城市建设理论研究》(电子版)2011 年第 30 期。

文永辉：《少数民族"非遗"传承人保护存在问题及制度完善》，《广西民族研究》2013年第1期。

乌丙安：《非物质文化遗产保护理论与方法》，文化艺术出版社2010年版。

吴发荣：《富阳手工竹纸作为非物质文化遗产的保护和传承》，硕士学位论文，中国林业科学研究院，2009年。

吴馨萍：《无形文化遗产概念初探》，《中国博物馆》2004年第1期。

向云驹：《人类口头非物质文化遗产》，宁夏人民教育出版社2004年版。

肖刚、肖海、石惠春：《非物质文化遗产的旅游价值与开发》，《江西财经大学学报》2008年第2期。

肖洪根：《对旅游社会学理论体系研究的认识——兼评国外旅游社会学研究动态（上）》，《旅游学刊》2001年第6期。

肖瑜：《有关非物质文化遗产旅游开发模式的构建——以大连市为例》，《文化学刊》2010年第1期。

肖曾艳：《非物质文化遗产保护与旅游开发的互动研究》，硕士学位论文，湖南师范大学，2006年。

谢彦君：《基础旅游学》（第三版），中国旅游出版社2011年版。

谢彦君、彭丹：《旅游、旅游体验和符号》，《旅游科学》2005年第6期。

辛颖：《基于旅游开发视角的非物质文化遗产保护》，《文化学刊》2015年第12期。

许忠伟、林月：《非物质文化遗产与旅游开发的相关研究述评》，《北京第二外国语学院学报》2014年第9期。

薛韶坤：《非物质文化遗产开发和应用——以河南马街书会为例》，《赤峰学院学报》（自然科学版）2015年第23期。

杨洪、袁开国：《侗族非物质文化遗产旅游开发研究——以湖南省怀化市为例》，《管理观察》2009 年第 16 期。

杨怡：《非物质文化遗产概念的缘起、现状及相关问题》，《文物世界》2003 年第 2 期。

叶娅丽：《成都非物质文化遗产旅游开发对策研究》，《特区经济》2011 年第 9 期。

喻学才：《文化遗产保护与风景名胜区建设》，科学出版社 2010 年版。

枝江市步步升文化旅游公司：《枝江市步步升布鞋文化旅游项目可行性研究报告》2012 年第 5 期。

张博：《非物质文化遗产的文化空间保护》，《青海社会科学》2007 年第 1 期。

张朝枝、保继刚：《国外遗产旅游与遗产管理研究——综述与启示》，《旅游科学》2004 年第 4 期。

张春梅：《非物质文化遗产旅游开发模式探讨——以承德市为例》，《江苏商论》2009 年第 5 期。

张舸、魏琼：《"静态"保护向"活态"传承的转身——非物质文化遗产保护与旅游业开发的互动研究》，《广西社会科学》2013 年第 8 期。

张鸿雁、于晔：《从赫哲族"乌日贡"大会看非物质文化遗产的价值》，《艺术研究》2008 年第 1 期。

张捷：《区域民俗文化的旅游资源的类型及旅游业价值研究》，《人文地理》1997 年第 3 期。

张良皋：《武陵土家》，生活·读书·新知三联书店 2002 年版。

张苗荧：《研学旅行：有望成为旅游创新发展的增长点》，《中国旅游报》2014 年 12 月 1 日第 002 版。

张荣天、管晶：《非物质文化遗产旅游开发价值评价模型与实证分析——以皖南地区为例》，《旅游研究》2016年第3期。

张魏：《非物质文化遗产旅游开发模式研究》，《边疆经济与文化》2015年第6期。

张魏：《少数民族非物质文化遗产的旅游开发研究——以云南七宣彝族哑巴节为例》，《技术经济与管理研究》2014年第4期。

张文敏：《关于旅游商品的几点思考》，《旅游研究与实践》2000年第3期。

张希月、陈田：《基于游客视角的非物质文化遗产旅游开发影响机理研究——以传统手工艺苏绣为例》，《地理研究》2016年第3期。

张晓萍：《旅游业与"舞台真实"——一种西方人类学的观点》，《民族旅游的人类学透视》，云南大学出版社2005年版。

张晓萍、李伟：《旅游人类学》，南开大学出版社2008年版。

张瑛：《非物质文化遗产旅游开发热下的冷思考》，《西南民族大学学报》（人文社会科学版）2008年第2期。

张瑛、高云：《少数民族非物质文化遗产保护与旅游行政管理研究——以云南民族歌舞为例》，《贵州民族研究》2006年第4期。

赵军：《关于非物质文化遗产的区域品牌化》，《理论探索》2008年第3期。

赵悦、石美玉：《非物质文化遗产旅游开发中的三大矛盾探析》，《旅游学刊》2013年第28期。

赵悦、石美玉：《非物质文化遗产旅游开发中的三大矛盾探析》，《旅游学刊》2013年第9期。

钟志平：《旅游商品学》，中国旅游出版社2005年版。

朱竑等：《地方依恋与地方认同等概念的辨析及研究启示》，《华南师范大学学报》（自然科学版）2011年第1期。

朱莎:《非物质文化遗产的旅游开发模式与绩效评价——以张家界"土家风情园"为例》,硕士学位论文,湖南师范大学,2011年。

朱赟、叶新才:《非物质文化遗产资源保护与旅游利用研究综述》,《旅游研究》2014年第4期。

Adobe Acrobat, Tangible and Intangible Heritage: From Different to Convergence of Intangible Culture heritage, *Museum International*, 2004, 56 (5): 20 – 21.

Azman Ahmad, The Constraints of Tourism Development for a Cultural Heritage Destination: The Case of Kampong Ayer (Water Village) in Brunei, *Tourism Management Perspectives*, 2013, 8: 106 – 113.

Bob McKerchera, Pamela, S. Y., Ho and, Hilary du Crosb, Relationship Between Tourism and Cultural Heritage Management: Evidence from Hong Kong, *Tourism Management*, 2005, 26: 539 – 548.

Boorstin, Daniel, *The Image: A Guide to Pseudo-Events in America*, New York: Harper & Row, 1964: 77 – 117.

Brian Garrod, Alan Fyall, Managing Heritage Tourism, *Annals of Tourism Research*, 2000, 27 (3): 682 – 708.

Chun Xiao Lu, The Study on Tourism Development of Intangible Cultural Heritage Taking Weifang City as Example, *Advanced Materials Research*, 2012, 1673 (479): 55 – 58.

Culler, Jonathan, Semiotics of Tourism, *American Journal of Semiotics*, 1981, 2: 127 – 140.

David Herbert, Literary places, Tourism and the Heritage Experience, *Annals of Tourism Research*, 2001, 28 (2): 312 – 333.

Dower, M., *The Tourist and The Historic Heritage*, Dublin: European Travel Commission, 1978.

D. F. Ruggles, H. Silverman, *Intangible Heritage Embodied*, New York: Springer, 2009.

Emestina Giudici, Claudia Melis, Silvia Dessì, Bianca Francine Pollnow Galvao Ramos, Is Intangible Cultural Heritage Able to Promote Sustainability in Tourism, *International Journal of Quality and Service Sciences*, 2013, 5 (1): 101 – 114.

Harriet Deacon, Intangible Heritage in Conservation Management Planning: The Case of Robben Island, *International Journal of Heritage Studies*, 2004, 10 (3): 309 – 319.

Hyung Yu Park, Heritage Tourism: Emotional Journeys into Nationhood, *Annals of Tourism Research*, 2010, 37 (1): 116 – 135.

Jamie Kaminski, Angela M Benson, David Arnold, Contemporary Issues in Cultural Heritage Tourism, *Taylor and Francis*, 2013 – 12 – 13.

Janet Blake, On Defining the Cultural Heritage, *The International and Comparative Law Quarterly*, 2000, 49: 61 – 85.

Jack See, E. Brown, Looking Beyond Intellectual Property in Resolving Protection of the Intangible Cultural Heritage of Indige-nous Peoples, at Cardozo, *Journal of International and Comparative Law*, 2003 (11): 633 – 676.

Lim Tiam Chai, Culture Heritage Tourism Engineering at Penang: Complete The Puzzle of "The Pearl of Orient", *Systems Engineering Procedia*, 2011, 1: 358 – 364.

Michael, E., Antiques and Tourism in Australia, *Tourism Management*, 2002, 23 (2): 117 – 125.

Natna Uriely, The Tourist Experiences: Conceptual Development, *Annals of Tourism Research*, 2005, 32 (1): 199 – 216.

Nur Izzati Mohd Rodzi, Saniah Ahmad Zaki, Syed Mohd Hassan Syed Subli, Between Tourism and Intangible Cultural Heritage, *Procedia Social and Behavioral Sciences*, 2013, 85: 411-420.

Park, H. Y., Shared National Memory as Intangible Heritage: Reimagining Two Koreas as One Nation, *Annals of Tourism Research*, 2011, 38 (2): 520-539.

Peter, J. Nas., Masterpieces of Oral and Intangible Heritage, *Parallax*, 2005, 1: 19-34.

Poria, Y. R., Butler, D. Airey, Clarifying Heritage Tourism, *Annals of Tourism Research*, 2001, 28 (4): 1047-1049.

Richards, G., The market for Culture Attractions, in G. ichard (ed.), Cultural Attractions and European Tourism, CAB International, *Wallingdord*, 2001: 31-53.

Tuan, Y. F., *Topophilia: A Study of Environmental Perception*, Eaglewood Cliffs: Prentice-Hall, 1974.

Waitt, Gordon, Consuming Heritage: Perceived Historical Authenticity, *Annals of Tourism Research*, 2000, 27 (4): 835-862.

Yale, P., *From Tourist Attractions to Heritage Tourism*, Huntingdon: ELM Publications, 1991.

Yaniv Poria, Richard Butler, David Airey, The Core of Heritage Tourism, *Annals of Tourism Research*, 2003, 30 (1): 238-254.